성피득대제전

성피득대제전

: 러시아의 중흥을 이끈 영웅 표트르 대제 전기

사토 노부야스 저
김연창 역
박성호 옮김

발간사

　숭실대학교 한국기독교문화연구원은 1967년 설립된, 명실공히 숭실대학교를 대표하는 인문학 연구원으로 발전하여 오늘에 이르렀다. 반세기가 넘는 역사 동안 다양한 학술행사 개최, 학술지『기독교와 문화』(구『한국기독문화연구』)와 '불휘총서' 30권 발간, 한국기독교박물관 소장 자료의 연구에 주력하면서, 인문학 연구원으로서의 내실을 다져왔다. 2018년에는 한국연구재단의 인문한국플러스(HK+) 사업 수행기관으로 선정되어 또 다른 도약의 발판을 마련하였다.

　본 HK+사업단은 "근대 전환공간의 인문학, 문화의 메타모포시스"라는 아젠다로 문학과 역사와 철학을 아우르는 다양한 인문학 연구자들이 학제간 연구를 진행하고 있다. 개항 이래 식민화와 분단이라는 역사적 격변 속에서 한국의 근대(성)가 형성되어온 과정을 문화의 층위에서 살펴보는 것이 본 사업단의 목표이다. '문화의 메타모포시스'란 한국의 근대(성)가 외래문화의 일방적 수용으로도, 순수한 고유문화의 내재적 발현으로도 환원되지 않는, 이문화들의 접촉과 충돌, 융합과 절합, 굴절과 변용의 역동적 상호작용을 통해 형성되었음을 강조하려는 연구 시각이다.

　본 HK+사업단은 아젠다 연구 성과를 집적하고 대외적 확산과 소통을 도모하기 위해 총 네 분야의 총서를 발간하고 있다. 〈메타모포시스 인문학총서〉는 아젠다와 관련된 연구 성과를 종합한 서서나 단독 저서로 이뤄진다. 〈메타모포시스 번역총서〉는 아젠다와 관련하여 자료적 가치를 지닌 외국어 문헌이나 이론서들을 번역하여 소개한다. 〈메타모포시스 자료총서〉는 숭실대 한국기독교박물관에 소장된 한국 근대 관련 귀중 자료들을 영인하고, 해제나 현대어 번역을 덧붙여 출간한다. 〈메타모포시스 교양문고〉는 아젠다 연구 성과의 대중적 확산을 위해 기획한 것으로 대중 독자들을 위한 인문학 교양서이다.

본 사업단의 연구가 진행되는 가운데 새로운 총서 시리즈인 〈근대계몽기 서양영웅전기 번역총서〉를 기획하였다. 1907년부터 1911년까지 집중적으로 출간된 서양 영웅전기를 현대어로 번역하여 학계에 내놓음으로써 해당 분야의 연구 자료로 제공하자는 것이 기획 의도이다.

총 17권으로 간행되는 본 시리즈의 영웅전기는 알렉산더, 콜럼버스, 워싱턴, 넬슨, 표트르, 비스마르크, 빌헬름 텔, 롤랑 부인, 잔다르크, 가필드, 프리드리히, 마치니, 가리발디, 카보우르, 코슈트, 나폴레옹, 프랭클린 등 서양 각국을 대표하는 인물이다. 1900년대 출간 당시 개별 인물 전기로 출간된 것도 있고 복수의 인물들의 약전으로 출간된 것도 있다. 이 영웅전기는 국문이나 국한문으로 표기되어 있는데, 국문본이어도 출간 당시의 언어로 표기되어 있으므로 지금 독자가 읽기에는 다소 어려울 것으로 예상된다. 이에 원문을 현대어로 번역하고, 원자료를 영인하여 첨부함으로써 일반 독자는 물론 전문 연구자에게도 연구 자료로 제공하고자 했다. 현대어 번역은 해당 분야 전문가의 도움을 받았다. 본 시리즈가 많은 독자와 만날 수 있도록 애써 주신 연구자들께 감사드린다.

   동양과 서양, 전통과 근대, 아카데미즘 안팎의 장벽을 횡단하는 다채로운 자료와 연구 성과를 집약한 메타모포시스 총서가 인문학의 지평을 넓히고 사유의 폭을 확장하는 데 기여할 수 있기를 기대한다.

2025년 3월
숭실대학교 한국기독교문화연구원 HK+사업단장
장경남

차례

발간사 / 5
일러두기 / 9

제1장 서언緒言 ··· 10
제2장 표트르 대제의 탄생 ··· 14
제3장 표트르 대제의 유년시대 ··· 20
제4장 표트르 대제의 장년시대 ··· 36
제5장 표트르 대제의 외국 만유漫遊 ··· 53
제6장 표트르 대제의 내정 개혁 ··· 69
제7장 표트르 대제의 외교와 침략 ··· 75
제8장 표트르의 만년 ··· 95
제9장 표트르 대제의 인물됨 ··· 106

해설 ··· 116
영인자료 ··· 212

일러두기

01. 번역은 현대어로 평이하게 읽힐 수 있는 것을 원칙으로 하였다.
02. 인명과 지명은 본문에서 해당 국가의 발음을 한글로 표기하고 각주에서 원문의 표기법과 원어 표기법을 아울러 밝혔다. 역사적 실존 인물인 경우 가급적 생몰연대도 함께 밝혔다.
    예) 루돌프(羅德福/ Rudolf Ⅰ, 1218~1291)
03. 한자는 꼭 필요한 경우 괄호 안에 병기하였다.
04. 단락 구분은 원본을 기준으로 삼되, 문맥과 가독성을 위해 필요한 경우 번역자가 추가로 분절하였다.
05. 문장이 지나치게 길면 필요에 따라 분절하였고, 국한문 문장의 특성상 주어나 목적어 등 필수성분이 생략되어 어색한 경우 문맥에 따라 보충하여 번역하였다.
06. 원문의 지나친 생략이나 오역 등으로 인해 그대로 번역했을 때 의미가 잘 전달되지 않는 경우 번역자가 [ ] 안에 내용을 보충하여 번역하였다.
07. 대사는 현대의 용법에 따라 " "로 표기하였고, 원문에 삽입된 인용문은 인용 단락으로 표기하였다.
08. 총서 번호는 근대계몽기 영웅 전기가 출간된 순서를 따랐다.
09. 책 제목은 근대계몽기에 출간된 원서 제목을 그대로 두되 표기 방식만 현대어로 바꾸고, 책 내용을 간결하게 풀이한 부제를 함께 붙였다.
10. 표지의 저자 정보에는 원저자, 근대계몽기 한국의 번역자, 현대어 번역자를 함께 실었다. 여러 층위의 중역을 거친 텍스트의 특성상 번역 연쇄의 어떤 지점을 원저로 정할 것인지가 문제였다. 일단 근대계몽기 한국의 번역자가 직접 참조한 판본부터 거슬러 올라가면서 번역 과정에서 많은 개작이 이뤄진 가장 근거리의 판본을 원저로 간주하고, 번역 연쇄의 상세한 내용은 각 권 말미의 해설에 보충하였다.

제1장
서언緒言

　아시아와 유럽[1] 대륙에 걸쳐 등허리를 넓게 펼친 채 그 머리를 서남쪽으로 들어올리고 그 꼬리를 북미 대륙에 휘두르며 그 팔은 중앙아시아에 펼쳐놓고 있어서 영토의 광대함이 세계에서 비견할 데가 없는 나라, 육지에서는 백만의 맹수 같은 군대[2]를 양성하고 바다에는 수백 척의 군함을 띄우고 있어 나라가 부강하므로 호시탐탐 그 패권을 세계에 주장하려고 하는 나라가 바로 지금의 러시아[3] 제국이 아닌가.

　지금 이 나라의 역사를 살피건대, 400년 전에는 매우 추운 불모지에 자리하여 국민은 어리석고 몽매하였으며, 국가의 세력도 미미하여 힘을 떨치지 못했기에 몽골 인종에게 정복당하여 그들의 압제를 견딜 수 없었던 모스크바[4] 공국이었다.

　당시의 나라 상황을 살펴보자면 국왕은 홀로 문명에 주의를 기울여 서유럽의 여러 나라에서 좋은 의사와 뛰어난 기술자를 초빙하

---

1) 유럽(歐羅巴, Europe)
2) 맹수 같은 군대: 원문에서는 비휴(貔貅)라고 표현하였다. 비휴는 상상 속의 맹수로 날래고 강한 군대를 표현하는 은유로서 종종 활용된다.
3) 러시아(露西亞/露國, Russia)
4) 모스크바(莫斯科, Moscow)

여 항상 그 편의를 도모하였다. 그러나 백성들은 풍속이 완고하고 어두우며 지식 수준이 깨이지 않은 상태인지라 의사를 요술사라 부르고 기계를 요사스러운 물건이라 지목하며 외국인을 만나면 끔찍이 싫어하였다.

게다가 그 군사들은 총검을 들고 다니면서도 정작 사용하는 기술을 알지 못하여 전장에 나가면 무기를 버리고 맨손으로 싸웠다. 기병(騎兵)은 존재하기는 했으나 그 효과가 전혀 없었다. 그래서 몽골인과 싸울 때는 고작 적군 2, 3명만 죽여도 대단한 공훈으로 여겨서 승전 연회를 벌이면서 즐거워했다. 수백, 수천의 동포가 적의 말발굽 아래에 짓밟히는 것은 태연하게 방관하면서 구하려조차 하지 않았다.

또한 진정으로 나라를 사랑하는 마음은 완전히 사라져버려 그들의 직분이라 할 전쟁을 애서 피해 다니며 출진 명령이 있을 때는 신에게 기도하기를, "신이여, 저로 하여금 가벼운 상처만 입게 하여 적은 노력으로도 큰 은전(恩典)을 입게 하소서" 하며 전장에 이르면 틈을 엿보아 산이나 들, 수풀 사이에 몸을 숨겼다가 전쟁이 끝날 무렵이 되어서야 도도히 나타나서 남은 병사들과 같이 돌아오니, 오호라 국가의 간성인 군인들이 이처럼 겁이 많고 나약하니 국가의 형세가 부진한 것이 어찌 당연한 일이 아니겠는가.

그러나 이반 3세[5] 시대에 이르러 왕이 결연히 떨치고 일어나 국가의 무너진 기강을 크게 일으켰다. 그는 나쁜 풍속을 바로잡고

---

[5] 이반 3세(伊般 馬西路比致 王, Ivan Ⅲ Vasileyevich, 1440~1505)

군사제도를 변혁하여 각지의 정예병을 모집, 몽골의 군대를 습격하여 대파하였다.[6] 1480년에 이르러 완전한 독립을 위한 기반을 조성하기 시작하였으며, 이때부터 쌍두수리(兩頭鷲) 국장(國章)을 채택하고 군주의 호칭을 변경하여 스스로 황제[7]라 칭하였으며 국정을 통일하여 점차 국위를 선양해 나가니 이는 참으로 러시아 건국의 시초라 하겠다.

그 후 한 세기가량이 지난 1598년에 이르러서는 사방에서 여러 귀족이 앞다투어 일어나 황제의 지위를 차지하고자 하였다.[8] 표도르 1세[9]가 사망하면서 나라가 매우 소란스러워지자 이웃 국가인 스웨덴[10]은 그 틈을 타서 러시아의 발트해[11] 진출로인 잉그리아[12]

---

6) 각지의 정예병을 모집, 몽골의 군대를 습격하여 대파하였다: 1480년 크림 칸국과 제휴하고서 반기를 든 모스크바 대공국을 응징하기 위해 아흐메트 칸이 군대를 이끌고 출격하였으나, 양측의 군대는 우그라 강을 중심으로 상호 대치만 하다가 철군하였다. 비록 군사적으로 대승을 거두었다고 할 수는 없으나, 러시아 역사에서는 이를 몽골의 지배로부터 벗어나게 되는 상징적인 사건으로 본다. 『성피득대제전』에서는 이를 실제로 전투에서 크게 이겨 무찌른 것으로 서술하고 있다.
7) 황제: 원문은 皇帝라고 하였으나 정확하게는 짜르(Tsar)가 맞다. 다만 여기에는 원문의 표기를 준용하여 황제로 적었다.
8) 사방에서 여러 귀족이 앞다투어 일어나 황제의 지위를 차지하고자 하였다: 이 서술은 1598년 표도르 1세가 후계자를 남기지 않고 서거하면서 류리크 왕조의 대가 끊기고, 러시아는 각각의 귀족들이 황위를 둘러싸고 찬탈전을 벌이는 혼란의 시대로 빠져든 사건을 가리킨다. 김연창은 이에 대한 구체적인 설명 없이 군웅할거(群雄割據)라는 비유로만 표현하였다.
9) 표도르 1세(的袜得劉士帝, Feodor I of Russia, 1557~1598)
10) 스웨덴(瑞典, Sweden)
11) 발트해(東海/波羅的海, Baltic Sea)
12) 잉그리아(英久利亞, Ingria): 오늘날의 상트페테르부르크를 비롯하여 발트해 남쪽에 연한 러시아의 해안지대 영토를 가리킨다.

지방을 차지하였고, 폴란드[13]는 드니프로강[14]에서부터 스몰렌스크[15] 동부에 이르는 거대한 지방을 합병하였다.

 이에 나라의 기운이 크게 쇠퇴하여 멸망할 위기에 이르렀으나 하늘이 러시아를 버리지 않아서 1670년경 역사에 비견할 바 없는 위대한 호걸 표트르[16] 대제를 내리셨다. 그는 탁월한 노력을 하여 나라의 형세를 크게 떨침으로써 기울어진 국가를 다시 일으켜 세우고 문호를 개방하였으며 영토를 확장하여 드디어 러시아 중흥의 대업을 이루고 영원무궁한 부강의 정책을 세움에 이르렀다. 따라서 러시아의 중흥에 대한 역사를 알고자 하면 표트르 대제의 53년간의 사적(事蹟)을 봐야 한다.

---

13) 폴란드(波蘭, Poland)
14) 드니프로강(度泥波亞, Dnepr River)
15) 스몰렌스크(須毛連斯克, Smolensk)
16) 표트르 대제(彼得, Peter I Alekseyevich, or Peter the Great, 1672~1725)

제2장
표트르 대제의 탄생

○ 1613년에 미하일 1세[17]가 러시아의 황제가 됨으로써 로마노프 왕조가 시작되었다. 제2대 황제인 알렉세이 1세[18]는 곧 표트르 대제의 아버지이며, 그의 첫 황후는 귀족인 밀로슬라브카야[19] 가문의 영양(令孃) 마리아 일리니츠나[20]였다. 그녀는 영리하고 다재다능하기로 세상에 명성이 높아서 알렉세이 황제가 무척 사랑하고 아끼며 매우 금슬 좋게 지냈다.[21]

○ 실로 인생이란 바람 앞의 구름과도 같아서 꿈결에 쉬 흩어지고 세상은 물거품과도 같아서 빛 앞에 곧 사그라들고 마는 법이다. 알렉세이 1세가 총애하는 마리아 황후도 20여 년 동안의 결혼 생활 후에 급작스럽게 세상을 떠나게 되어 알렉세이 1세는 밤낮으로 슬퍼

---

[17] 미하일 1세(美加悅 厚豫斗路比致 羅馬路夫, Mikhail Fyodorovich Romanov, 1596~1645)
[18] 알렉세이 1세(亞歷時斯 美加伊路比致, Alexei Mikhailovich, 1629~1676)
[19] 밀로슬라브카야(美羅斯路夫, Miloslavskaya)
[20] 마리아 일리니츠나(馬利亞 伊利 伊尼智那, Maria Ilyinichna Miloslavskaya, 1624~1669): 이후 마리아 황후 통칭한다.
[21] 무척 사랑하고 아끼며 매우 금슬 좋게 지냈다: 원문에서는 비익연리(比翼連里)라는 고사성어로 표현하였다. 이 표현은 원래 당나라 현종과 양귀비 사이를 표현하기 위해 쓰였던 것으로, 금슬이 무척 좋은 부부에 빗대어 사용된다.

하였다. 그러던 와중에 황자(皇子) 시므온[22]은 나이 겨우 4세에 어머니의 뒤를 따랐으며, 황자 알렉세이[23] 역시 고작 16세에 요절하였다. 오직 황녀 소피아[24] 및 표도르[25]와 이반[26] 두 황자가 있으나 황자들은 모두 가냘프고 연약한 체질이라 도저히 정사를 맡기기 불가능하였다. 황녀 소피아는 신체가 강건하고 또한 재능이 풍부하였으나 당시의 전례로는 여자가 황위에 오르는 것이 불가능했다.

신성한 황위가 있음에도 적당한 후계자가 없으니 알렉세이 1세는 이를 심히 걱정하여 신하들과 상의한 결과 재차 황후를 맞이하여 완전한 계승자를 얻고자 하였다. 1670년 알렉세이 1세가 우연히 마트베예프[27]의 저택의 연회에 갔을 때 나리쉬킨 귀족 가문의 현숙한 여성 나탈리아[28]를 보고 그 아름다운 자태와 영리한 성품에 깊이 이끌리어 그녀에 대한 애틋한 마음을 이기지 못하고 황후로 받아들

---

[22] 시므온(斯美溫, Simeon Alexeyevich, 1665~1669)
[23] 알렉세이(亞歷時士, Alexei Alexeyevich, 1654~1670)
[24] 소피아(素比亞, Sophia Alekseyevna, 1682~1689): 알렉세이 1세와 마리아 황후의 3녀. 훗날 이반 5세와 표트르 1세가 공동차르에 올랐을 때 섭정에 오르지만 표트르 1세와의 권력 투쟁 끝에 실각하여 수도원에 유폐된다.
[25] 표도르/표도르 3세(世奧德, Fyodor Ⅲ Alekseyevich, 1661~1682): 알렉세이 1세와 마리아 황후의 3남이자 부황의 뒤를 이어 표도르 3세로 등극한다.
[26] 이반/이반 5세(伊般, Ivan V Alekseyevich, 1666~1696): 알렉세이 1세와 마리아 황후의 5남. 표도르 3세 사후 소피아의 계략에 의해 표트르 1세와 공동차르에 올라 이반 5세가 된다. 하지만 소피아 섭정의 실각 이후에도 죽을 때까지 차르의 자리를 유지했다.
[27] 마트베예프(馬土窩豫厚, Artamon Matveyev, 1625~1685)
[28] 나탈리아/나탈리아 황후(那多利亞, Natalya Kirillovna Naryshkina, 1651~1694): 알렉세이 1세의 두 번째 황후이자 표트르 1세의 모후이다.

이게 되었으니, 그녀가 바로 표트르의 모후(母后)였다.

○ 당시의 제후들 중 키릴 폴루에토비치 나리쉬킨 가문[29]의 융성함을 질투하는 한편으로 나탈리아를 가로채서 자신의 아내로 삼고자 하는 이가 있었다. 그는 결국 반역의 마음을 품고 재상과 몰래 음모를 꾸며서 기회를 틈타 나탈리아를 탄핵하려고 하였다.

급기야 장엄한 결혼식을 치르는 날이 되어 나탈리아는 아름답고 화려한 복장으로 참석하였다. 그러나 그녀는 땋은 머리로 인한 답답함을 견디기 어려웠으며, 예복 역시 불편했던 까닭에 현기증을 일으키며 자신도 모르는 사이에 예식장에서 기절하였다. 간교한 무리들은 이를 좋은 기회라고 여겨 황제의 주치의에게 많은 뇌물을 주고서 그녀를 간질병(癲癇病)이라 진단케 하였다.

가련하게도 나탈리아 황후는 시베리아[30]의 먼 황야로 유배를 떠나게 되었다. 홀로 외로이 추운 날 오랜 밤에 다만 한 조각 달이 비추는 것을 바라보며 오직 슬픈 눈물만 흘릴 뿐이었다. 황제 역시 창자가 끊어지는 듯한 괴로움을 이기지 못하여 밤낮으로 동쪽만

---

[29] 당시의 제후들 중 키릴 폴루에토비치 나리쉬킨 가문: 이 부분은 김연창이 오역을 하였다고 판단하여 수정하였다. 사토 노부야스 저본에서는 "時に陪臣中貴族吉利鳥爾波爾意克懷的那爾伊素金家の隆盛を嫉むものあり", 즉 "당시 제후들 중에서 귀족 '吉利鳥爾波爾意克懷的那爾伊素金' 가문의 융성함을 질투하는 이가 있었다"라고 되어 있는데, 이는 곧 나탈리아의 부친 Kirill Poluektovich Naryshkin을 가리킨다. 그런데 김연창은 이를 오인하여 '吉利鳥爾波爾意克懷'과 '那爾伊素金家'를 각기 다른 사람으로 파악하고, 전자를 다른 제후의 이름이나 가문명을 가리키는 것으로 번역했다.

[30] 시베리아(西伯利亞, Siberia)

바라보며 답답하고 우울한 마음으로 슬픈 나날을 보냈다.

○ 몇 개월 후, 하루는 알렉세이 1세가 익명의 편지 두 통을 받았다. 그 내용을 본즉 지난날 간악한 무리가 꾸민 음모를 낱낱이 적발한 것이었다. 황제가 크게 놀라 즉시 재상 이하 간악한 무리를 엄하게 처벌하고 사람을 급히 파견하여 나탈리아를 돌아오게 하였다. 그리하여 나탈리아는 다시 황후 자리에 오르니 애정이 지난날보다 더하여 크렘린 궁전[31] 안은 화기애애하게 되었다.

○ 1672년 5월 30일은 러시아 역사상 가장 기억할 만한 날이다. 상서로운 구름은 하늘에 가득하고 길한 빛은 대지를 가득 비추었다. 모스크바의 모든 예배당 종소리가 서로 끊임없이 울리어 그 우레같은 소리는 산과 들을 뒤흔들었다. 수레와 말들은 끊임없이 이어져 크렘린 궁전으로 향하고 시민들의 환호성이 샘솟으니 오호라, 러시아 중흥의 군주이자 천고(千古)의 호걸인 표트르 대제가 바로 이날에 탄생하게 되었다.
  6월 20일에 세례식을 엄숙하게 시행하고, 세례명을 주어 정교에 들게 하였으며, 그다음 날에는 여러 고위 인사들을 소집하여 성대한 축하연을 벌이니 모두가 만세를 외쳤다.

○ 표트르는 체구가 강건하여 태어난 지 6개월 만에 뛰어다니니

---

[31] 크렘린(巨廉列弗殿/吳禮民, Klemlin)

부친인 알렉세이 1세가 크게 기뻐하며 티혼 니키티치[32]와 로디온 마트베예비치[33]를 시종으로 임명하고 네오닐라[34]를 유모로 삼았으며 레온티예프[35]와 골리친[36] 두 사람에게 명하여 가정교사로 두었다. 또한 다수의 신분 높은 여인들을 고용하여 그를 돌보는 일을 맡게 하였다. 하지만 표트르가 세 살이 되자 그를 돌보던 여인들을 줄였다.

니키타 조토프[37]라는 학사(學士)는 박식하고 다재다능함이 당시로서는 가장 뛰어나며, 자제들을 가르치는 데 있어서 그들의 기량을 먼저 판별하여 그 장점에 따라 재능을 개발할 수 있게 하는 자였다. 조토프는 표트르가 천부적으로 활발하고 호기심이 많다는 점을 발견하고 항상 세계의 훌륭하고 아름다운 것들을 보고 듣게 하

---

32) 티혼 니키티치(世爾霓界比致, Tikhon Nikitich Streshnev, 1649~1719)
33) 로디온 마트베예비치(葡利克都比致, Rodion Matveyevich Streshnev, 1628~1687): 티혼과 로디온 두 사람에 대해서는 Chistiakov, S. A의 *Istoriia Petra Velikago*(1902)에서 찾아볼 수 있다. 다만 비슷한 시기에 발간된 영문으로 된 표트르 대제의 자료 중에는 이를 다룬 것을 찾아보기 어려운 까닭에 실제로 사토 노부야스가 무엇을 바탕으로 이를 언급했는지는 파악하기 어렵다. 음역으로 채택한 이름도 실제 이름과는 적잖은 차이를 보이고 있어서, 여기에서는 실제 기록에 남아 있는 이름으로 대체하여 적었다.
34) 네오닐라(利宇吾阿, Neonila Lvof, ?~?): 유모나 가정교사에 대한 내용은 발리셰브스키의 저서에는 나타나지 않으며, Eugene Schuyler의 *Peter The Great*(1890)에 그 이름이 거론된 바 있다.
35) 레온티예프(禮溫都, Matrena Leontief, ?~?)
36) 골리친(哥利夫伊那, Juliana Golitsyn, ?~?)
37) 니키타 조토프(奇多毛爾世比致蘇道厚, Nikita Moiseevich Zotov, 1644~1717): 표트르 대제의 유년 시절 스승이자 그의 차르 등극 이후 조력자로서 활동했던 인물이다.

는 데 힘썼다.

　궁전의 아틀리에에 동반하여 갈 때는 유익한 사건에 대해서는 거듭 설명하면서 이해할 수 있을 때까지 기다려주었으며, 성이나 요새, 선박 등의 모형을 두고 설명하거나 산이나 강, 바다와 육지의 지도를 보여주기도 했다. 저명한 러시아의 역대 황제들의 초상화를 대하며 그 공적을 이야기하는 등의 구체적이고 실용적인 이야기들로 표트르를 교화한 까닭에, 그는 은연 중에 지식이 계발될 뿐 아니라 또한 배움을 즐기는 버릇이 생기게 되었다.

　오호라, 표트르의 뛰어난 재능에 이처럼 훌륭한 스승이 있으니 그 지식이 발달할 것임은 분명하다 하겠다.

제3장
표트르 대제의 유년시대

○ 단향나무(栴檀)는 떡잎 때부터 그 향을 내며, 독수리의 새끼는 태어날 때부터 큰 독수리로서의 기상을 늘 가지고 있다더니 그 말이 과연 틀림없다고 할 만하다. 표트르가 비록 어리나 민첩하고 활발함이 여럿 가운데서도 눈에 두드러지게 탁월하니, 모후인 나탈리아는 그를 매우 사랑하여 잠시도 곁을 떠나지 못하게 하며 출입할 때마다 항상 함께 따랐다.

하루는 작은 검 한 자루를 포함하여 여러 장난감을 주었더니 표트르가 다른 장난감은 거들떠보지도 않고 오직 그 작은 검만 차고 다니면서 말하기를, "나는 군의 대장이므로 오직 이 검만 쓰겠다"라면서 밤낮으로 손에서 칼을 놓지 않았다. 부황 알렉세이 1세가 이 모습을 보고 크게 기뻐하여 이에 귀족 가운데 표트르와 나이가 같은 아이들 수십 명을 선발하여 같이 놀게 하였다.

그때부터 혹은 죽마를 타고 혹은 북과 종을 치며 혹은 공놀이를 하더니 나이가 조금씩 들어감에 따라 점차 무예를 숭상하게 되었다. 마침내 스스로 총대장이라 칭하면서 아이들의 무리를 지휘하여 2개 소대로 편성하고 날마다 모스크바 인근 들판에서 병정놀이를 하였다. 혹은 검을 집어 들고 전군을 호령하며, 혹은 하급 병사가 되어 추운 밤에 총검을 지팡이 삼고, 혹은 공병이나 보급병이

되어 흙으로 된 요새와 견고한 장벽을 쌓거나 군수품을 실어나르는 등의 각종 무예를 단련하는 일을 종일토록 그치지 아니하면서도 그 수고와 괴로움을 꺼리지 아니하고 자신의 존엄함을 생각하지 아니하였다. 이는 조토프의 가르침에서 기인한 바가 크지만, 또한 표트르에게 선천적으로 무(武)를 숭상하는 기상이 없었다면 그렇게 되지 않았을 것이다.

○ 표트르의 이복형 표도르 알렉세예비치도 표트르의 장래를 위하여 더욱 공부를 장려하였으며, 부친 알렉세이 1세는 표트르의 기량을 매우 기특하게 여기고 이를 점점 발달시켜 자신의 여생을 유쾌하게 보내고자 하였다. 그러나 불행하게도 하늘이 그의 수명을 앗아가 표트르가 네 살이 채 되기도 전에 알렉세이 1세가 갑자기 붕어(崩御)하니 그 애석함을 가히 짐작할 수 있을 것이다.

    표트르는 아직 어려서 국정을 감당하기는 불가능한 까닭에 표도르를 옹립하여 황제로 삼으니, 당시 표도르 3세의 나이는 겨우 14살이었다. 그가 황위에 오른 이후로 황실에는 일대 파란이 홀연히 생겨나며 매우 혼란스럽고 시끄러운 상황이 발생했다. 표도르 3세를 옹위하는 무리는 나리쉬킨 가문의 권세가 커지는 것을 질투하여 표트르를 끔찍하게 싫어하고 경계하였다. 그래서 표트르를 언제든지 황실에서 쫓아내어 자신들의 위세와 복록을 마음껏 누리고자 하였으나 알렉세이 1세의 재위 시에는 그 뜻을 함부로 펼치지 못하다가 오늘날에 이르러서는 알렉세이 1세가 이미 승하하였으니 조금도 거리낄 것이 없어졌다.

그들은 표도르 3세 몰래 자기들 멋대로 농간을 부려서 마트베예프 후작과 나리쉬킨 가문 사이의 이간질을 시도하였다. 황제의 측근인 야지코프[38]는 나탈리아 황태후를 멀리 귀양보낼 계책을 강구하고, 궁전이 좁다는 이유를 들어서 황태후와 표트르를 수십 리 바깥의 이궁(離宮)으로 옮기라는 가짜 조칙(詔勅)을 전하였다. 이에 나탈리아 황태후는 단연코 거부하고 신하가 이처럼 자신을 능욕하는 것을 매우 통탄하니 표트르는 어린 마음에도 모후의 비탄함을 바라보며 분노를 금치 못하여 이복형인 표도르 3세를 찾아가 그의 손등에 여러 번 입맞춤한 뒤 크게 부르짖었다.

"황형(皇兄)이시어, 야지코프의 죄악을 폐하께 하소연하고자 합니다. 그는 어마마마와 이 아우를 아바마마의 궁전에서 내쫓음으로써 폐하와의 친애의 정을 갈라놓고자 합니다. 아우가 일찍이 들으니 예전에 보리스 고두노프[39]는 황자 드미트리[40]를 멀리 유배 보냈다가 이윽고 살해하였다 합니다. 지금 그가 우리를 드미트리처럼 만들고자 하니 이것이 어찌 제2의 고두노프가 아니라 하겠습니까. 만일 그가 우리를 억지로 내쫓는 지경에 이르면 황형께서도 우리와 같이 와서 사시기를 바라옵니다. 바라건대 황형께서는 우리들의 생명을 구해주소서. 우리는 홀로 궁전을 떠나기를 원치 않

---

38) 야지코프(耶須高厚, Ivan Maksimovich Yazykov, ?~?)
39) 고두노프(哥德伊厚, Boris Feodorovich Godunov, 1552~1605): 표도르 1세 치세에 황후 이리나 고두노바의 오빠이자 섭정이었는데, 당시 표도르 1세의 이복동생이었던 드미트리 이바노비치를 암살했다는 의혹을 받고 있다.
40) 드미트리(底道利, Dmitry Ivanovich, 1582~1591): 이반 4세의 막내아들이자 표도르 1세의 이복동생으로, 고두노프에 의해 암살당했다는 의혹이 널리 퍼져 있다.

습니다."

이어 눈물을 흘리며 얼굴을 감싸고 있다가 시녀 등을 돌아보고 엄격한 목소리로 말했다.

"나는 선제이신 알렉세이 1세의 아들이 아닌가. 그러므로 아바마마의 궁전에서 거주하는 것이 어찌 불가하다 하느냐."

이때 표트르의 나이가 겨우 다섯 살이었다. 하는 말마다 모두 폐부에서부터 나오는 것이니 표도르 3세가 이를 듣고 크게 놀라며 표트르에게 입 맞추고 위로하였다.

"너는 안심하고 모후의 일도 역시 걱정하지 마라. 내가 어찌 야지코프가 멋대로 뜻을 이루게 하겠느냐."

그리고 즉시 나탈리아 황태후전(殿)에 나아가 야지코프의 속임수로 인하여 이에 이르게 된 것을 깊이 사과하였다. 그 후 야지코프를 포박, 황태후에게 보내어 뜻대로 처벌해달라고 하였다. 그러나 온후한 황태후는 그를 죽이기는커녕 그의 죄조차도 묻지 아니하고 즉시 석방하였다. 표도르 3세는 그의 관직을 삭탈하고 궁중에서 추방하였다.

○ 이리하여 나탈리아 황태후는 크렘린 궁전에서 여전히 머물렀으나 즐거울 수는 없었다. 당시 황실은 매우 혼란스러워서 온갖 뜬소문이나 헛소문들이 그치지 않았고, 날마다 싸움과 비방이 벌어지고 있었다. 표도르 3세 역시 간악한 무리의 술수에 빠져서 자신의 계모인 나탈리아 황태후와도 점차 소원하게 되었다.

따라서 황태후는 황자 표트르의 위기를 피하고 또한 자신의 안녕도 얻고자 하여 프레오브라젠스키 궁[41]으로 부득이하게 거처를 옮기게 되었다. 당시 표트르는 홍안의 미소년으로 겨우 열 살임에도 다 자란 성인과 다를 바 없었다. 그 짧은 금발은 이마 위를 덮었고 칠흑 같은 큰 눈은 안광이 형형하며 행동거지가 활발하고 기량이 매우 커서 많은 이들을 능가하였다.

○ 당시 표도르 3세가 황후에게 아들이 없음을 걱정하여 측근 야지코프의 친척 마르파 아프락시나[42]와 결혼하여 황후로 삼았다. 그러나 석 달이 채 지나지 않아 표도르 3세가 돌연 서거하였다.

신하들은 크게 놀라 크렘린 궁전에 모여 제위 계승 문제를 논의하였다. 어떤 이는 황제가 임종할 때에 자신의 아우 표트르에게 제위를 전달할 뜻을 유언으로 남겼다 주장하였고, 또 어떤 이는 다른 아우인 이반을 지목했다고 주장하는 등 의견이 분분하여 결론이 나지 않았다.

이때 덕망이 높은 어느 대사제가 좌중 앞에 나서며 말했다.

"마음과 힘을 합하여 적절한 새 황제를 선정하시오."

이에 모여 있던 신하들 수십 명이 이구동성으로 표트르의 이름을 언급하여 결국 표트르를 추대하기로 의결이 되었다. 시민들이 이 소식을 듣고 궁 밖에 모여들어 큰 소리로 갈채하며 축하하는

---

41) 프레오브라젠스키(厚列伯拉善克鄕/普列伯善斯克, Preobrazhensky): 표트르가 태어나던 무렵부터 거처로 이용되었던 모스크바 근교 프레오브라젠스코예에 위치한 별궁이다.

42) 마르파 아프락시나(馬厚拉克時那, Marfa Apraksina, 1664~1716)

환호성이 천지를 뒤흔들었다. 이는 표트르가 재능과 영민함으로 유명하여 전 모스크바 사람들의 기대가 이미 표트르를 향하고 있었기 때문이다.

○ 표트르 알렉세예비치, 즉 표트르 1세는 나이가 고작 10살에 신하들의 선거를 통해 러시아의 제위에 올랐으나 아직 어린 관계로 국정을 직접 다스리기는 불가능한 까닭에 모후 나탈리아가 섭정을 맡았다. 이에 신하들은 앞다투어 새 황제와 군신의 관계를 맺었다.

○ 그때의 상황을 자세히 관찰하건대 겉으로 보기에는 매우 평온한 것 같지만 황실 내부에는 항상 화근이 남아 있는 상태였다. 황녀 소피아는 나이 25세로, 가만히 생각건대 이후 러시아의 정권은 자신이 싫어하는 계모 나탈리아와 나리쉬킨 가문의 손아귀에 들어갈 것이라고 하여 노심초사하면서 정권을 빼앗고자 했다. 교활한 그녀는 여러 인물들을 배후에서 조종하기 시작했다.

당시 러시아는 황녀가 황실의 의식에 참여하는 것과 백성들을 접견하는 것을 엄격하게 금지하는 풍속이 있었다. 그럼에도 불구하고 소피아는 선제 표도르 3세의 장례식에 참석하였다가 식이 끝난 뒤에는 슬픔을 이기지 못하는 모습을 꾸며내어 여러 사람들 앞에서 목놓아 울며 말했다.

"우리 백성들이여 너희들은 아는가 모르는가. 황제(皇弟) 표도르는 독한 여자의 손에 독살되었음을 아는가? 오호라, 내가 이 깊은 슬픔을 감내할 수 있는가. 선제의 친동생 이반이 있음에도 너희들이 추대하기를 원치 않았으며 첩은 고독하게 생존하고 있으니, 만일 우리에게 죄가 있다면 원컨대 우리를 외국으로 추방하라."

이렇듯 교묘한 말과 그럴듯한 얼굴빛을 꾸며내어 사람들의 감정을 격하게 일으켰다. 사람들 가운데 그녀의 궤변에 감동하여 측은한 마음을 이기지 못하고 그녀의 말을 굳게 믿는 자들이 있었으니, 소피아의 심복들과 나리쉬킨 가문을 원수처럼 여기는 이들이 공모하여 정교도들을 선동하고 반역을 꾀하였다. 그들은 이런 거짓 소문을 퍼뜨리며 백방으로 간교한 술책을 써서 정교회 교도들을 부추겼다.

"표도르 3세가 일찍 서거함은 독살을 당한 것으로, 그 유지는 동생 이반에게 제위를 물려줄 것이라 하였고 이반 또한 이를 승낙하였다. 그러나 나리쉬킨 가문이 권력을 휘둘러서 선제를 강압하여 제위를 표트르에게 물려주게 하였다."

누구 하나 이에 호응하는 자가 없었으나, 다만 어리석은 스트렐치[43]만이 이 소란에 참여하였다. 스트렐치는 이반 4세 시대에 편성된 것으로 항상 황실을 호위하며 그 급료로 생계를 꾸려나가니 자연히 나태해져서 도박이나 음주에 빠지고 그 난폭함이 낭자하였다. 장교들은 앞다투어 부하들의 봉급을 갈취하여 자기 주머니를 채웠기에 병사들의 불만이 나날이 커져서 요란함을 틈타 그 욕망을

---

43) 스트렐치(射擊隊, Streltsy): 스트렐치는 이반 4세 때 편성된 러시아제국 최초의 상비군이다. 여기서 '사격대'로 번역된 것은 스트렐치의 어원이 '화살(strella)을 쏘는 자', 즉 사수(射手)에서 비롯된 것이기 때문이다. 스트렐치를 음역하는 대신 뜻을 살려서 사격대라고 표현한 것으로 보인다.

채우고자 하여 이들의 음모에 가담한 것이었다. 이에 소피아 세력의 우두머리인 호반스키[44] 후작이 사람을 비밀리에 파견하여 모스크바 시내 곳곳에 있던 스트렐치에게 다음과 같이 선언하고 선동하니 그들은 매우 기뻐하였다.

선제의 친동생 이반을 독살하며 선제께서 총애하신 신하 야지코프를 궁중에서 쫓아낸 것은 모두 나리쉬킨 일파가 벌인 짓이다. 지금 그들이 천하에 횡행하면서 정권을 장악하였으며, 황태후의 동생 나리쉬킨은 몰래 제위를 노리고 있다. 실로 국가의 존망이 달린 위급한 때이다. 우리들은 러시아를 위하여 저 간신배들을 박멸코자 하니 너희들은 힘을 아끼지 말아라. 만약 이 일이 성공하면 막대한 보상이 있을 것이다.

5월 15일 새벽에 소집을 알리는 종소리를 듣고서 각각 무기를 들고 궁 바깥에 모여 궁전 문을 부수고 난입하여 붉은 계단[45] 아래에서 크게 소리치면서 이반을 살해한 원흉 나리쉬킨을 빨리 끌어내어 넘기라고 하였다. 사태가 매우 급박한지라 나탈리아 황태후는 크게 놀라 대주교[46]와 고관 마트베예프로 하여금 이반과 표트르를

---

44) 호반스키(奧般斯, Ivan Andreyevich Khovansky, ?~1682): 스트렐치를 이끌며 1682년의 모스크바 소요 사태를 주도했던 인물로, 『성피득대제전』에서는 연설로 스트렐치를 선동한 것으로 묘사된다.
45) 붉은 계단(朱階, Red Staircase, *Krasnoe Kryltso*): 크렘린 궁 내부에 있는 계단으로, 역대 차르들이 즉위식 때 사용하던 장소이다.
46) 대주교: 원문에는 대교사(大敎師)라고 되어 있으나 맥락 상 당시 러시아 정교회

폭도들에게 보여주어 그들이 무사하다는 것을 증명하니 이에 폭도들은 소피아 무리의 거짓 계책에 속았음을 깨닫고 홀연 흩어지기 시작했다.

그때 우두머리들이 소리를 질렀다.

"설령 저 간악한 이들이 다행히 이반을 죽이지는 못하였다 할지라도 조만간 반드시 살해할 것이니 간신 나리쉬킨을 빨리 내놓아라."

그러자 폭도들이 다시 이에 휘둘려서 더더욱 궁전을 향해 다가왔다.

스트렐치의 지휘관인 미하일 돌고루키[47]는 그 부하들의 흉폭한 행위를 제지하려고 질책하다가 그들의 분노를 사서 참살당했고, 마트베예프는 백방으로 폭도들을 설득하려 하였으나 요란한 전투 소리에 가로막혀 그 의도를 달성하지 못했다. 폭도들은 점점 더 격렬해져서 결국 마트베예프를 사로잡아서 창칼이 무수히 선 계단 아래로 던지니 그는 전신에 창상을 입고 숨이 끊어졌다.

나탈리아 황태후는 크게 두려워하여 아들과 대주교 등과 더불어 궁전 깊숙한 방 안에 숨은 채 밖으로 나오지 않았다. 폭도들이 더욱 격앙하여 성난 호랑이와 같은 기세로 궁전을 휩쓸고 다니면서 혹은 예배당에 난입하여 성좌(聖座)를 더럽히고 혹은 제단을 파괴

의 모스크바 총대주교였던 요아킴(Joachim)으로 추정된다. 이반이 살해당했다는 소문이 거짓임을 증명하기 위해 아르타몬 마트베예프와 함께 나섰던 인물이 이 사람이기 때문이다. 일단 이름이 명시되어 있지 않으므로 여기에서는 '대주교'라고만 바꾸어 썼다.

[47] 미하일 돌고루키(烏古斯基, Michael Dolgoruky, 1631~1682)

하여 난폭함이 낭자하였다.

○ 폭도들은 자신들의 원수인 나리쉬킨을 이리저리 찾아다녔으나 쉬 발견할 수 없었다. 나탈리아 황태후가 동생 나리쉬킨이 위험할까 걱정하여 측근에게 밀명을 내려 모처에 숨기도록 하였기 때문이다. 그러나 폭도들은 나리쉬킨을 내놓지 않으면 대신들을 모두 죽이겠다고 외치면서 물러설 뜻이 전혀 없었다.

대신들과 소피아 황녀는 이를 듣고는 나탈리아 황태후에게 찾아가 간언했다.

"일이 이미 이 지경에 이르렀으니 우리를 구하기 위해서 나리쉬킨을 내놓아야 빨리 이 난을 진정시킬 수 있습니다. 우리들로 하여금 해를 입지 않게 하소서."

이에 황태후는 그들의 강압에 못 이기어 슬프게 탄식함을 견디지 못하다가 이내 측근에게 명하여 사랑하는 동생을 예배당으로 들어오게 하였다.

동생 나리쉬킨[48]이 예배당에 들어와 자신의 죄를 참회하고 하나님께 기도하는데 폭도들이 이를 목격하고 즉시 난입하여 그를 붙잡아 고문하면서 고통을 주는 것이 심히 참혹하였다. 그러나 나리쉬킨은 이 고초를 태연하게 감내하면서 한마디도 하지 않으니 폭도들은 더욱 격분하여 그를 교외로 끌어내 창칼로 조각을 내어 죽였다.

---

[48] 나리쉬킨: 나탈리아 황태후의 동생 중 '이반 나리쉬킨(Ivan Naryshkin, ?~1682)'을 가리킨다. 다만 원문에서는 나리쉬킨이라고만 적고 있으므로 여기에서는 따로 이름을 적지 않았다.

이에 폭도들이 피투성이가 된 채로 술을 마시며 서로 통쾌해하였다. 소피아는 그가 원수처럼 여기던 나리쉬킨을 살해하매 그 기쁨을 이기지 못하여 훗날 폭도들에게 후한 상금을 내렸다고 한다.

○ 이때 표트르 대제는 모후 나탈리아와 이반 등과 더불어 붉은 계단 위에 함께 있었다. 그러나 그는 엄숙하고 당당하여 두려움이 없는 태도였으며, 이러한 소란을 목격한 후에 궁[49]으로 갔다.

스트렐치 대원들은 모두 고(古)의식파[50]를 믿고 따르는 자들이라 그 후 며칠을 지나 정교의 대주교가 와서 그들을 정교에 귀의하게 한다는 소문이 있었다. 그들이 크게 분노하여 또다시 난을 일으켜 표트르가 머무르고 있는 궁에 갑자기 뛰어들어 대주교에게 돌을 던졌다. 그러나 표트르는 태연자약하여 놀라지도 두려워하지도 않은 채 폭도 가운데 달려들어 황제의 관을 들어 그들에게 보여주면서 말했다.

"짐이 대관식(戴冠式)을 치를 때에는 고의식파들로 하여금 성당에 들게 할 것이요, 또한 정교회를 부정하다고 주장함을 불허할

---

[49] 궁: 원문에는 '파랍달(巴拉達)'이라고 적고 있는데, 아마도 당시 러시아어로 궁궐(Palace)를 뜻하는 파라타(Палата, Palata)의 음역어가 아닐까 추정된다. 크렘린 내의 여러 궁전이나 홀 등을 지칭하는 것이 Palata이므로, 이 경우에는 크렘린 내의 모처라고 판단하여 '궁'이라고 옮겨 적었다.

[50] 고(古)의식파: 원문에는 岐敎라고만 적고 있다. 고의식파(Old Ritualists)는 17세기 중엽 니콘 대주교의 주도로 행해진 개혁 정책에 반발하여 당시의 러시아 정교회로부터 분화된 일파이다. 원문에서는 이에 대한 상세한 설명을 하는 것은 어렵다고 판단했는지 기교, 즉 일종의 이단 종파인 것처럼 서술하고 있다.

것이다. 짐이 정교회를 올바른 것으로 믿으니 너희들 또한 이를 본받으라."

그리고는 좌중을 돌아보며 폭도들을 물리치라고 명하니 주위 신하들이 떨치고 일어나 그들을 바깥으로 쫓아냈다. 그때 표트르 대제의 나이는 고작 열 살이니, 이후로 시민들은 더욱 그를 우러르고 흠모하였다.

그러나 교활한 소피아 황녀는 늘 반역의 계획을 세우려 하였다. 그는 지략이 뛰어난 이들과 의논한 끝에 이반 5세를 즉위시키니 러시아 제국은 동시에 두 명의 황제를 추대하게 되었다.[51] 뒤이어 7월 2일에는 두 황제의 대관식을 장엄하고 정숙하게 거행하였으며, 식을 마친 뒤에는 선제 알렉세이 1세가 가지고 있었던 권력을 두 황제에게 각각 분배하였다.

그러나 이반 5세는 체력이 매우 약하여 제위를 보전하기 어려웠던 반면, 표트르 대제는 활동력이 날이 갈수록 왕성해져서 정무를 민첩하게 처리했던 까닭에 대권이 한번 움직일 때마다 표트르 대제에게 기울어지는 경향이 있었다. 소피아 황녀는 이를 보고 대단히 불쾌하게 여겨서 속히 정권을 자신이 장악하고자 하여 스스로 섭정의 자리에 올라서 전횡을 휘두르게 되었다.

이에 표트르 대제가 항상 불만스럽게 여기어 여러 차례 모스크바를 떠나 프레오브라젠스키와 세메노프스키[52]에서 시간을 보내면

---

[51] 러시아 제국은 동시에 두 명의 황제를 추대하게 되었다: 표트르 1세와 이반 5세가 공동차르로 추대된 사건을 가리킨다.

서 그가 좋아하는 외국인 교관 프란츠 레포르트[53]에게 무예를 배우며 놀이군대[54]를 창설하고 실전 연습을 하면서 전술을 연구하였다. 그 연습은 격렬하여 때로는 다수의 사상자를 낳기도 했다. 프레스부르크[55]를 습격하는 가상 연습을 실시할 때는 표트르 대제가 다리에 탄환을 맞아서 중상을 입기도 했고, 기병대장 알렉세이가 지휘하는 기병과 대원수 로모다노프스키[56]의 부대에 대항하던 당시 기병이 크게 분전한 까닭에 이반 돌고루키[57]가 중상을 입고 뒤이어 곧 목숨을 잃었다고 하니 당시에 연습을 얼마나 격렬하게 했는지 알 만하다.

○ 표트르 대제는 또한 팀머만[58]과 르포르트 두 사람에게 포대 건축

---

52) 세메노프스키(塞墨諾弗, Semenovsky)
53) 프란츠 레포르트(禮甫爾得, Franz Lefort, 1656~1699): 스위스 출신의 군인이자 표트르 대제의 군사교관 겸 조언자로 표트르 대제는 스스로 레포르트 휘하의 장교가 되어 근무하며 해군 생활을 한 적도 있다. 레포르트가 죽었을 때 표트르는 당시의 계급장을 달고 참석했을 정도로 그와 가까운 사이였다.
54) 놀이군대: 원문에서는 유희대(遊戱隊)라고 표현했다. 표트르 대제가 당시 조직했던 *Poteshnye voiska*, 즉 Toy Army를 가리키는 것으로 또래의 귀족 자제들을 모아서 일종의 모의전 등을 수행하면서 군사훈련을 겸하였다. 여기에서는 '놀이군대'로 번역한다.
55) 프레스부르크(塞墨弗宮, Presburg): 김연창은 이를 '세네모프스키 궁'이라고 적었지만, 실제로는 당시 표트르 대제가 놀이군대의 훈련용으로 세네모프스키 인근에 지였던 요새 프레스부르크를 가리킨다.
56) 로모다노프스키(洛木達伊弗斯基/路毛多伊厚斯基, Fyodor Yuryevich Romodanovsky, 1640~1717)
57) 이반 돌고루키(多臥路基侯, Ivan Dolgoruky, ?~?)
58) 프란츠 팀머만(典墨爾蘭, Franz Timmerman, 1644~1702): 네덜란드 출신의

술과 탄도학을 배웠으며, 또한 기계학을 좋아하여 바실리 돌고루키[59]가 프랑스[60]에 가서 각종 측량기를 샀으나 그 사용법을 몰랐기에 네덜란드[61]에서 교사를 초빙하여 이에 대해 배웠다. 그 외에도 14종의 각종 기술을 숙달하였다.

표트르 대제가 하루는 어느 마을에 머무르고 있었는데, 여러 해 동안 쌓아두었던 폐기물들을 조사하다가 반쯤 부패한 선구(船具)가 다른 목재들과 폐기된 채 방치되어 있음을 발견하였다. 이는 영국제의 '보틱'[62]으로 영국 여왕 엘리자베스 1세[63]가 선황(先皇)[64]에게 증정한 것이었다. 선황은 문명의 진보를 꾀하였으나 그 목적은 저 작은 배와 마찬가지로 폐기되어 사라지고 말았던 터였다.

표트르 대제는 이를 보자마자 크게 깨달은 바가 있어서 주위에

군사전문가로 르포르트와 마찬가지로 표트르 대제에게 군사학과 관련된 각종 지식을 가르쳤다.
[59] 바실리 돌고루키(度宇骨斯基, Vasiliy Lukich Dolgoruky, 1672~1739): 러시아의 외교관이자 정치인으로 표트르 대제의 명령으로 프랑스에 파견되어 학문과 외교 등을 배웠다.
[60] 프랑스(佛國, France)
[61] 네덜란드(荷蘭, Netherland)
[62] 보틱(Botik): 원문에서는 一小艇이라고만 표현했기에 여기에는 실제 당시 사용된 이름으로 적는다.
[63] 엘리자베스 1세(伊利斯伯, Elizabeth I, 1533~1603): 헨리 8세의 딸이자 튜터(Tutor) 왕조의 마지막 군주. 이반 4세시대에 러시아와의 외교 관계를 수립하였으며 동맹을 희망하는 등 적극적인 제스처를 보였다.
[64] 선황: 일반적으로 '선황'이라고 하면 부황인 알렉세이 1세를 지칭한다고 봐야 하겠지만, 이 경우에는 전후맥락을 볼 때 엘리자베스 1세로부터 보틱을 증여받은 이반 4세를 가리키는 것으로 봐야 한다. 다만 김연창이나 사토 노부야스 모두 이름을 밝히지 않고 선황이라고만 적었기에 이를 그대로 사용하였다.

있던 자들에게 그 제작과 운전, 효용 등을 세세하게 질문하고 선체를 조사하더니 곧 해군을 창설하겠다는 생각에 이르렀다. 이에 선제(先帝) 시절 배를 만들기 위해서 네덜란드에서 고용하여 데려온 기술자 카르스텐 브란트[65]에게 배를 수선하라고 명하였다. 이에 브란트가 밤낮으로 몰두하여 몇 주 후에는 이 배를 야우자 강[66] 위에 띄울 수 있게 되었으니 표트르 1세가 유쾌함을 이기지 못하여 어찌할 바를 모를 정도로 매우 기뻐하였다.

○ 이전에 표트르 대제가 아직 어렸을 때 그 모후와 함께 수레를 타고 강을 건너가는데 강물이 흘러넘쳐 그 물결이 수레 안으로 흘러들면서 옷자락이 젖자 크게 놀란 적이 있었다. 그때부터 강을 두려워하는 버릇이 생겨서 물가에 접근하는 것을 싫어하니, 그를 가까이 모시는 신하들이 이러한 버릇을 고치고자 하였다.

하루는 사람들이 서로 모의하여 표트르에게 사냥을 하자고 하였는데, 도중에 거대한 강을 마주치니 표트르가 강을 두려워하여 건너려 하지 않고 다른 길을 찾으려고 하였다. 이때 골리친[67]이 말에 채찍을 가해 물속으로 뛰어들게 해서 급류를 무릅쓰고 건너편에 도달하였다. 사람들이 앞다투어 건너는데 오직 표트르만이 건너지 못한 채 망연히 말 위에서 주저하면서 어찌할 바를 몰랐다. 골리친

---

65) 카르스텐 브란트(加爾斯丁伯蘭的, Karshten Brandt, ?~?)
66) 야우자 강(約沙河, Yauza River)
67) 골리친(哥李淸/慕利斯哥李淸侯, Boris Alexeyevich Golitsyn, 1654~1714)

이 큰 소리로 외쳤다.

"폐하께서는 어찌 빨리 건너오지 않으십니까?"

표트르는 마음속이 불타오르듯 하여 결연하게 채찍을 들고서 말을 물속으로 뛰어들게 하여 건너편에 도달할 수 있었다. 그 이후로는 표트르가 결코 강물을 두려워하지 않게 되었다고 한다.

제4장
표트르 대제의 장년시대

하나를 얻으면 다른 하나를 더 가지고 싶어지는 것은 인지상정이다. 지난날 표트르 대제가 한 척의 작은 배(botik)를 수선하여 이를 야우자 강에 띄우니 능히 거센 바람을 거슬러 자유자재로 조종하는 것을 보고 선박의 유용함을 크게 깨달아 밤낮으로 그에 대한 생각을 잊지 못하였다. 이에 대규모로 선박을 건조하고자 하여 팀머만에게 근처 하천에 큰 선박을 건조할 만한 장소가 있는지를 물었다.

팀머만이 말했다.

"여기서 동쪽으로 20여 리쯤에 플레셰예보[68]라 하는 거대한 호수가 있어서 큰 배를 띄울 만하고, 그런 배를 만들기에도 매우 편리합니다."

표트르 대제가 이를 듣고 매우 기뻐하여 좋은 기회가 있으면 그곳에 가봐야겠다고 생각하였다.

○ 그 무렵 나리쉬킨의 원수들은 표트르 대제가 날마다 무익한 놀이에 빠져드는 것을 보고 마음속으로 기뻐하며 다행으로 여겼다.

---

[68] 플레셰예보(百列亞斯老弗, Pleshcheyevo)

더욱 각종 놀이를 권함으로써 그가 국정에 소홀하게 되도록 꾀하였다. 그러나 표트르 대제는 쉽사리 그들의 술수에 넘어가지 아니하고 도리어 그들을 곤란하게 만들고자 하여 그 기회를 기다렸다.

하루는 여러 귀족이 함께 모의하여 사냥하자고 권유하니, 표트르 대제는 흔쾌히 이를 허락하였다. 출발하는 날이 되어 귀족들이 수십 명의 사냥꾼을 인솔하여 따라오게 하니, 대제는 귀족들을 가로막으며 말했다.

"짐이 귀족들과 함께 사냥을 즐기는 것은 허락하였지만 사냥꾼들을 동반하도록 허락하지는 아니하였다. 즉시 그들을 돌려보내고 오직 그대들만 같이 가도록 하자."

귀족들이 부득이하게 사냥꾼과 시종들을 모두 돌려보낸 뒤 사냥 도구를 직접 들고 사냥개의 목줄을 잡은 채로 대제를 따라다녔다. 표트르 대제가 직접 사냥을 주도하는 역할을 맡아서 깊은 산속으로 달려 들어가 사냥터에 도착한 뒤 귀족들을 지휘하며 계곡과 숲 사이를 종횡무진으로 내달렸다.

그러나 귀족들은 원래 사냥에 익숙하지 않은 이들이라, 사냥개 줄을 사용하는 법조차도 모르니 사냥개는 주인이 난폭하게 구는 것을 두려워하여 목줄을 벗으려고 하며 사방으로 미친 듯이 짖어댔다. 말은 이를 보고 크게 놀라 숲속으로 자주 도망가버렸다. 귀족들은 이를 제어하지 못하고 당황하여 대처할 방법이 없었다. 이에 사냥 도구를 내던지고 사냥개 줄을 놓아버리는 것으로 곤란한 상황을 간신히 면하였다. 귀족들은 이 사냥에서 큰 실패를 겪은 뒤에는 표트르 대제가 사냥을 먼저 권하여도 누구 하나 응하지 않았다.

표트르 대제는 이와 같은 교외 산책을 통해 나라 안이 가난하여 피폐함을 발견했다.

"옆 나라 스웨덴은 우리나라보다 작음에도 나라는 부유하고 군대는 강하니 이는 오로지 육해군을 잘 정비한 까닭이다. 우리 러시아도 만일 육해군만 창설한다면 나라의 부강을 기대할 수 있을 것이니, 해군을 설립하고자 하면 부득불 조선술부터 갖춰야 할 것이다."

이에 대제는 플레셰예보 호수에 가겠다는 의지를 걷잡을 수 없게 되었다.

그러나 모후 나탈리아가 허락하지 않을 것임을 우려하여 기도를 위해 트로이츠 수도원[69]에 간다면서 모후께 거짓으로 고하자 이를 허락하였다. 후에 나탈리아가 이것이 거짓말임을 알고 크게 염려하여 안전하게 돌아오기를 기도하였다.

표트르 대제는 플레셰예보에 이르러 매일 아침 일찍 일어나 사람들과 산림 속에 같이 들어가서 도끼를 직접 들고서 나무를 베어 배를 만들 재료를 모았다. 얼마 후 겨울이 되자 호수가 얼어붙어 배를 만드는 일이 어려워져 공사를 중지하고 봄을 기다려 완성할 것을 기약한 채 사람들과 더불어 모스크바로 돌아왔으나, 한시라도 육해군 창설에 마음을 쓰는 것을 쉬지 아니하였다.

그때 표트르 대제가 '자손을 두어 나의 유업(遺業)을 계승토록 하려면 먼저 아내를 얻어야 한다'고 여겨 이를 모후에게 고하니,

---

69) 트로이츠 수도원(土路逸修道院/土路逸의 羅烏拉, Troitse-Sergiyeva Lavra or Trinity Lavra of St. Sergius): 성 세르기우스 삼위일체 수도원이라고도 불리운다. 모스크바 근교에 위치하고 있다.

모후도 마침 좋은 배필을 구하여 대제의 원정을 향한 열망을 끊게 하려던 바였다. 그래서 이를 매우 찬성하고 즉시 예브도키야 표도로브나 로푸히나[70]를 황후로 삼았다. 1689년 3월 봄바람이 부드럽고 따사로운 아름다운 계절에 모스크바에서 장엄한 결혼식을 거행하니 이에 시민들이 환호하고 축하하였다. 이때 표트르 대제의 세력은 나날이 융성해져서 소피아 무리의 운명은 점점 위기에 빠지게 되었다.

○ 표트르 대제는 플레셰예보의 견고한 얼음이 이미 녹기 시작했음을 듣고서는 잠시도 가만히 있지를 못하고서 황후를 놔두고 그곳으로 다시 가서 작년부터 하던 공사를 계속하였다. 몇 주 후 황후에게 편지가 왔기에 대제가 이를 열어보니 이렇게 쓰여있었다.

　　　　나의 임금이시여, 원컨대 속히 돌아오세요. 첩은 어마마마의
　　　　자애로 인하여 편안하고 걱정 없이 보내고 있습니다.

대제는 아직 어린 황후의 진심을 미루어 짐작하고 잠시 모스크바로 돌아갔다가 얼마 후에 플레셰예보로 다시 나아와 부지런히 선박 건조에 종사하였다. 그러나 모후가 슬퍼할까 걱정하여 이에 편지를 올려서 위로하였다.

---

[70] 예브도키야 표도로브나 로푸히나(歐度奇阿 世窩德 羅馬路普基, Eudoxia Fyodorovna Lopukhina, 1669~1731). 표트르 대제의 첫번째 황후였으며 슬하에 황태자 알렉세이를 두었다.

어마마마, 쓸쓸함을 슬퍼하지 마시고 이곳에 머무르며 밤낮으로 심신이 고되게 일하는 사랑하는 아들을 위하여 안전과 행복을 기도해주세요. 지금 호수의 얼음이 녹고 공사가 크게 진척되어 작은 배는 이미 건조를 완료하였고 큰 배는 장차 완성할 것입니다. 다만 아직 준비가 되지 않은 것이 밧줄이니, 어마마마께서는 총포청[71]에 명을 내리시어 밧줄 500장(丈)을 만들어서 빨리 보내도록 해주세요. 그러면 큰 배의 건조를 완료하고 즉시 어마마마 곁으로 돌아갈 것입니다.

나탈리아가 이를 받아 읽어보고 크게 기뻐하여 대제가 빨리 돌아올 수 있도록 밧줄을 요청받은 수량대로 보냈다. 이에 표트르 대제가 크고 작은 두 척의 배를 완성하였으니 그가 얼마나 기뻐하였을지 알 만하다.

○ 당시 소피아는 나날이 권력을 장악하여 종종 독단적인 조치를 취하고는 하였다. 그러나 표트르 대제는 이를 가로막지 않았으며, 매일 내키는 대로 놀이를 하니 소피아는 이를 보고 마음속으로 크게 기뻐하여 자신의 측근인 샤클로비티[72]와 모의하여 군사제도를

---

71) 총포청(普斯加爾의 普里加特, *pushkarsky prikaz*): 원문에서는 普斯加爾의 普里加特라고 적었으나, 이는 음역어로 보인다. Pushkarsky는 러시아어로 포(砲, cannon)를 뜻하며 프리카즈(prikaz)는 department 내지는 bureau 정도에 해당하는 의미다. 프쉬카르스키 프리카즈는 표트르 대제 당시 총이나 대포 등의 군사무기 제작과 관련된 정부부처다. 여기에서는 의역하여 총포청(銃砲廳)이라 하였다.
72) 샤클로비티(世窩德, Fyodor Shaklovity, ?~1689): 김연창본 표기대로라면 '표

변경, 나라 안의 일반 사냥꾼들과 무위도식하는 무리를 군대에 편입시켰다.

'지금은 표트르가 노는 일에만 몰두하여 다른 생각이 없을지라도 만일 장성한 때에 이르면 우리가 혐오하는 계모와 레프 나리쉬킨[73]이 표트르에게 권하여 국정을 장악하라고 할 것임이 분명하니, 그때가 되면 우리가 머리를 자르고 수도승이 되겠다고 해도 가만히 놔두질 않을 것이다.'

소피아는 이렇게 생각하여 다시 소요사태를 일으켜서 표트르 대제를 배척하고 자신이 독재를 하고자 밤낮으로 기회를 살폈다. 하지만 표트르 대제는 두마(duma)의 선출[74]로 말미암아 이미 정통성을 확보한 황제이며, 자신은 황녀이니 국법상 제위에 오를 수 없으므로 그 뜻을 쉽게 펼치지 못하고 이리저리 고민하다가 결국 표트르 대제를 살해하고자 하는 계책을 세웠다. 스트렐치의 장교 중 자신과 가장 친한 옐리세예비치 치클러[75]에게 명령하여 스트렐치 대원들에게 격문을 전파하고 표트르의 죄악을 꾸며내어 퍼뜨리는 한편, 각 지역에 간첩을 보내어 인민들을 선동하여 나리쉬킨 일파를 박멸할 계책을 도모하였다.

도르'라고 적어야 하나, 이전의 표도르 1세 및 3세와의 혼동을 피하기 위해 샤클로비티로 적는다.
73) 레프 나리쉬킨(禮弗吉利羅比致那利斯金, Lev Kirillovich Naryshkin, 1664~1705)
74) 선출: 원문에서는 公選이라고 표현하였다. 직역하면 공식선거라고 하겠으나, 정확하게는 두마에 의해 선출된 것이므로 여기에서는 의역하여 적었다.
75) 옐리세예비치 치클러(若羅比致知克列, Ivan Yeliseevich Tsykler, 1660~1697)

그러나 표트르 대제는 소피아의 간교함을 익히 알고 있던지라 그의 술수에 빠지지 말라고 서로 경계하여 한 사람도 배신하는 이가 없었으니, 소피아는 크게 실망하여 다시 그 계책을 변경하였다. 거리의 부랑자들을 모아서 부대를 편성하여 앞에서는 표트르를 보호하기 위함이라 하면서 뒤에서는 틈을 살펴 표트르를 살해하고자 하였다. 플레셰예보 호수에 가 있던 표트르 대제가 돌아오는 것을 기다려 일을 치르기로 계획하였으나, 이 음모가 대제의 친구 아무개의 귀에 들어가고 말았다. 크게 놀란 아무개는 즉시 플레셰예보로 달려가서 한밤중에 대제의 침실로 들어가 고했다.

"사실이 이와 같으니 속히 위급한 지경을 피하소서."

대제는 잠옷을 갈아입을 틈조차 없이 마구간으로 달려가 말에 올라타 깊은 숲속으로 도주하였고, 아무개는 대제의 옷을 가지고서 그를 따라 트로이츠 수도원으로 피신하였다.

○ 황녀 소피아는 자신의 계획이 성사되지 못했음을 알고서 도리어 표트르 대제에게 암살을 모의했다는 혐의를 받고 감옥에 갇히게 될까 두려워하여 그에게 편지를 보내어 모스크바로 돌아올 것을 청하였다. 그리고 트로이츠로 직접 찾아가서 대제를 만나고자 하였지만, 대제는 소피아와 접견하는 것을 좋아하지 않아서 사자를 보내어 소피아를 중도에서 멈추게 한 뒤 같이 모스크바로 돌려보내니, 그 폭도 등은 소피아에게 속았음을 깨닫고 도리어 그녀를 원망하면서 표트르 대제를 따르게 되었다.

이에 표트르 대제가 기세를 타서 소피아의 무리를 전멸시키고자 하여 그 패거리들을 모두 남김없이 잡아들였다. 치클러 등의 우두머리들은 사형에 처하고 그 나머지는 혹 멀리 유랑을 보내거나 수도원에 감금하며, 혹은 사람들의 면전에서 꾸짖되 이와 같은 죄인은 죽을 때까지 황제의 은혜를 입지 못할 것임을 천하에 널리 선포하였다.

소피아는 수도원에 유폐하여 성축일[76]을 제외하고는 황족이나 기타 어느 친구와도 만나지 못하게 하였다. 그러나 한 번도 학대하지는 않았으며, 청결한 수도원의 방에서 머무르게 하고 또한 여러 시종에게 명령하여 그녀를 곁에서 모시게 하였다.

○ 이때에 표트르가 모스크바에 머무르며 황형(皇兄) 이반 5세[77]와 더불어 정무를 맡았으나, 이반은 쇠약하여 정무를 볼 수 없으므로 표트르 대제에게 전부 맡겼다. 그리하여 표트르 대제의 권세는 날로 떨치게 되어 내정을 개혁하기에 이르렀다.

당시 모스크바시(市)는 여러 해에 걸친 소요사태로 인하여 매우 황폐한 상태였기에, 먼저 이를 수리하고 시내의 질서를 세웠다. 또한 지식과 문견이 풍부한 외국인 레포르트, 팀머만, 고든[78], 브란

---

[76] 성축일: 원문에는 大祭日이라고만 적혀 있으나, 실제로는 성축일인 부활절(Easter)에 해당한다. 여기에서는 대제일 대신 성축일로 고쳐서 번역하였다.

[77] 이반 5세: 원문은 김연창과 사토 노부야스 모두 표도르(世奧德, 黑窩德)라 적었으나, 실제 표도르 3세는 이미 서거한 뒤였으며 당시 표트르 1세와 공동차르를 맡았던 것은 이반 5세였으므로 이는 오류에 해당한다. 따라서 역사적 사실에 맞게 고쳐 적었다.

[78] 고든(哥爾敦/伯蘭的, Patrick Leopold Gordon, 1635~1699)

트, 브루스[79]를 군사고문을 삼고 군법을 개정하여 상비군 제도를 세우고 무기를 구입하며 수십 척의 군함을 건조하여 군비를 크게 확장할 계획을 세웠다. 특히 고든과 레포르트 두 장군을 신임하여 세부적인 사항은 레포르트에게 묻고, 큰 일은 고든에게 조언을 구하였다.

그러나 그들은 모두 외국인이라 종래의 러시아 사정에 대해서는 생소하다는 점을 염려하여 대제는 모스크바의 귀족들과 친교를 더욱 맺어 어떤 사업을 시도하든지 반드시 귀족들에게 의견을 묻고 의논하며 그 이익과 해로움을 토의하게 하고, 그 의견을 채용하여 이를 단행하였다. 또한 러시아에 거주하는 독일인과 자주 왕래하면서 그 장교들을 초빙하여 군대를 훈련시켰고, 독일인 기술자를 고용하여 성채의 건축이나 선박 건조, 대포와 총기 제작 등을 하였다.

어느덧 플레셰예보 호수 주변에는 각종 제조장이 즐비하고, 굴뚝이 늘어섰으며 검은 연기가 하늘을 뒤덮고 요란한 소리가 끊이지 않게 되었다. 또한 쿠빈스코예[80] 호수에는 여러 조선소와 도크(船渠)를 새로 지었다. 대제는 일반의 우러름을 받고자 하여 때때로 신하들을 초대하여 큰 연회를 개최하고 많은 손님들 사이를 몸소 돌아다니며 담소를 나누고 그들의 수고를 위로하며 격려하였다.

○ 당시 표트르 대제는 생각하기를, 해군을 강성하게 만들고자 하

---

79) 브루스(伯婁斯, Jacob Daniel Bruce, 1669~1735)
80) 쿠빈스코예(克便斯基, Kubinskoye)

면 비단 배를 건조하는 일만 장려할 뿐 아니라 이를 사용하는 것 역시 연습하여 병사들의 용기를 고무해야 한다고 여겼다. 그러나 모스크바 부근에는 광대한 호수나 바다가 없으므로, 외국인 군사 고문 여럿과 놀이군대를 이끌고 북방 500리 되는 백해 연안의 아르한겔스크[81]를 향하여 출발하였다. 이때 나탈리아는 그가 수로로 이동한다는 점을 우려하여 육로로 갈 것을 권했으나, 표트르 대제는 그 말을 따르지 않고 자그마한 '성 베드로호'[82]에 몸을 싣고 그곳까지 항행하니 당시 나이가 21세요, 때는 1693년[83] 7월이었다.

○ 대제는 그곳에 도착하여 즉시 사람을 보내 모후에게 자신이 그 명을 따르지 않은 죄에 대한 용서를 구하며 또한 무사히 도착하였음을 보고하였다. 황족과 일반 국민들은 처음에는 대제의 모험적인 항해를 모두 경악하며 황자(皇子) 알렉세이[84]도 대제의 소식을 걱정하며 편지를 보내 속히 돌아오실 것을 간곡히 청하였으나 대제는 이런 답장을 보냈다.

---

[81] 아르한겔스크(阿蘭豀利斯克, Arkhangelsk)
[82] 성 베드로호(聖彼得號, St. Peter): 원문 표기상으로는 표트르와 동일한 彼得이나, 배의 이름은 성 베드로를 지칭함으로 이에 맞게 적었다. 사토 노부야스도 해당 명칭에 대해서는 ベードル(베도루)라고 독음을 달아두었다.
[83] 1693년: 원문에는 1793년이라고 되어 있으나 이는 표트르 대제 사후이므로 시기적으로 맞지 않는다. 1693년의 오식이라고 판단되어 고쳐 적었다.
[84] 알렉세이(亞歷斯, Alexei Petrovich, 1690~1718): 표트르 대제가 예브도키야와의 사이에서 낳은 장남이자 황태자이나 훗날 부친과의 갈등 끝에 옥중에서 사망한다.

나는 너의 편지를 읽고 그 슬픔을 알겠다. 너가 만일 슬퍼하면 내가 무슨 즐거움을 얻겠느냐. 나는 너의 슬픔을 보고 마음을 억누르기가 힘드니, 오로지 원컨대 너는 결코 나를 위해 슬퍼하지 말아라.

그 후에 황태후와 황후는 대제의 원정을 크게 우려하여 걸핏하면 그에게 돌아올 것을 촉구하니 대제는 또한 이에 응수하여 이렇게 답장했다.

현재 선박을 건조하는 중인 즉 이 일이 성공한 뒤에 돌아갈 것이나 그게 언제가 될지는 확실히 말하기 어렵습니다. 오직 빨리 이루기만을 모색할 뿐이오며, 만일 선박이 준공되고 나면 필수적인 기구들을 사서 갖춘 뒤에 밤낮으로 배를 몰아 모스크바에 돌아가서 아뢸 것이니 모후께서는 불초한 자식의 일을 슬피 탄식하지 마십시오. 불초자식의 신상은 조금도 걱정하실 바가 없으니 엎드려 바라건대 이를 살펴주소서.

대제는 이에 아르한겔스크에서 오래 머무르며 선박의 건조와 병사의 훈련에 종사하면서 이를 독려하고 힘써 행하면서 하루도 나태함이 없었다. 외국인을 접견하면 여러 나라의 형세에 대해 이야기를 나누고 내국인을 대할 때에는 무역과 제조업에 대해 설명하면서 잠시도 시간을 허비하지 않았다. 여가가 날 때는 수영을 하거나 혹은 작은 배에 돛을 달고 항해술을 연습하거나 혹은 배 위에서 대포를 발사하며 해전의 기술을 연마하는 것으로 오락을 삼았다.

○ 대제는 지휘관으로서 수병들을 지휘할 뿐만 아니라, 수병들과 나란히 배의 밧줄을 오르내리며 혹은 돛을 게양하고, 혹은 닻을 던지며 노동하기를 싫어하지 아니하였다. 또한 선박을 사용하는 데 관해서는 항상 외국인 고문관의 가르침을 잘 따라서 단 한 번도 이를 어기거나 잘못한 적이 없었다. 그리하여 대제의 항해술은 날로 진보하여 얼마 지나지 않아 함장의 임무를 능히 감당할 정도가 되었다.

이에 대제는 '내년 봄에는 다시 큰 배를 건조하여 러시아의 산물과 제조품을 가득 싣고 해외 여러 나라에 수출할 수 있겠다'라고 생각하여 이내 크게 기뻐하며 점점 더욱 항해를 연습하였다. 대제는 원양에서 항해한 뒤에 돌아와 상륙하면 수병들을 모두 모아서 성대한 잔치를 열고 담소하며 함께 즐거운 시간을 보냄으로써 그들을 위로하였다.

○ 이렇듯 해군 창설의 사업이 그 실마리를 점점 마련하매 이에 아르한겔스크를 해군 근거지로 정하고 로모다노프스키를 해군 총장으로 삼고 또한 부투를린[85]과 고든을 부총장으로 임명하고 대제 자신은 함장의 역할을 맡았다.

그해 가을에 모스크바에 돌아오니 그사이 모후 나탈리아가 급

---

85) 부투를린(伯道林, Ivan Ivanovich Buturlin, 1661~1738).

환으로 인하여 붕어(崩御)하셨다. 오호라 살면서 어찌 부모에게 미처 효도를 다하지 못함을 슬퍼하지 않는 일이 있겠는가. 슬픔이 뼛속까지 맺혀 모후를 그리워하는 마음을 견디지 못하였으나 나랏일이 점점 복잡해지니 헛되이 한탄만 하면서 시일을 허비하기는 어려웠다.

이에 이듬해 봄 자신이 만든 작은 배를 타고 아르한겔스크에 다시 도달하여 지난번 네덜란드에 주문했던 44문의 대포를 장착한 대형 군함이 도착하기를 기다려 이를 검열코자 하였다. 그러나 그 군함이 입항할 날짜가 아직 이르지 않았기에 솔로베츠키 수도원[86]을 찾아 조시마[87]와 사바티[88] 두 성령께 예배를 드리고자 하여 아판나시 대주교[89]를 따라서 솔로베츠키 섬을 향해 돛을 올렸다.

배가 바다 한복판에 이르자 홀연 몹시 강한 바람을 만나서 거대한 파도가 뱃전을 강타하여 거의 전복할 지경에 이르렀다. 사람들이 모두 대경실색하여 분명 침몰하게 될 거라고 여겨서 각종 기구들을 바다에 모두 던지는데, 유독 표트르 대제만은 태연자약하여 선미에 가만히 앉아서 키를 조종하며 배를 미친 듯이 날뛰는 파도 속으로 몰고 나아갔다. 이에 일등수병 안티프[90]가 대제에게 권하였다.

---

86) 솔로베츠키 수도원(素羅窩伊圖基 修道院, Solovetsky Monastery): 아르한겔스크에서 290km 떨어진 백해 서쪽 지역의 솔로베츠키 섬에 지어진 수도원.
87) 조시마(弗細馬, Zosimas of Solovki, ?~1478).
88) 사바티(掃娃的亞, Sabbatius of Solovki, ?-1435). 조시마와 사바티 두 성인은 솔로베츠키 수도원 창설에 중요한 역할을 한 수도승으로 알려져 있다.
89) 아판나시 대주교(大敎師 亞華拿西, Archbishop Afanasii of Kholmogory, ?~?).

"황제시여 어찌하여 위험을 피하려고 북드비나강 하구[91]로 되돌아가려고 하십니까. 하구에는 암초가 널려 있어 폭풍이 불 때는 이를 피하는 게 매우 어렵습니다."

대제는 이에 키를 안티프에게 맡기니 그는 곧 진로를 바꾸어 하구에 근접하였으나 바람이 더욱 강해져서 움직이면 배가 암초에 부딪힐 위험이 있을 뿐이었다. 대제는 이를 보고 참지 못하여 안티프가 잡고 있던 키를 자신이 쥐고 조종하고자 하니, 안티프가 크게 소리쳤다.

"물러서십시오, 폐하께서 이미 신에게 키를 맡기셨으니 다시는 손을 내밀어 신을 방해하지 마소서."

대제가 이내 한마디도 대꾸하지 못하고 망연히 서 있었다. 다행히 배는 위기를 벗어나 페트로민스크 수도원[92] 근처의 해안에 무사히 도착했다. 대제는 안티프의 기량을 크게 칭찬하고 큰 연회를 열어 그를 위로하면서 안전하게 된 것을 축하하였다. 대제가 안티프를 향하여 물었다.

"너는 배에서 나를 질책했던 것을 아느냐?"

---

[90] 안티프(阿多普, Antip Timoféief, ?~?). 그에 대한 기록은 유진 셔일러의 *Peter The Great*(1890, p.235)에 언급되어 있다. 해당 기록에 따르면 그는 솔로베츠키 섬에 배속된 군인이자 당시 성 베드로 호의 조종을 맡고 있었으며, 표트르 대제에게 폭풍을 피해서 운스카야(Unskaya) 만으로 피항(避港)해야 한다고 건의하였으며, 이에 표트르 대제가 그에게 조타를 맡긴 것으로 되어 있다. 발리셰브스키는 이 일화를 구체적으로 소개하지 않았고, 그저 1694년 백해에서 폭풍으로부터 자신을 구해준 댓가로 안티프 티모피예프에게 30루블을 주었다고만 서술했다(p.141).
[91] 북드비나강 하구(都那伊河口, Northern Dvina Rivermouth).
[92] 페트로민스크 수도원(伯德民斯克 修道院, Pertominsk Monastery)

안티프가 매우 놀라고 두려워하여 대제의 발아래 엎드려 그 죄를 빌었다. 이에 대제는 그를 달래며 말했다.

"형제여, 너는 안심하라. 만일 미숙한 자가 말로만 그리하였다면 짐은 곧 너와 같이 질책하였을지나, 너에 대해서는 능히 그렇게 할 수 없는 바이니 너는 안심하라."

이내 그를 일으켜 안티프에게 입을 맞추고 바닷물에 젖은 옷을 그에게 주며 말했다.

"이것으로 뒷날 기념을 삼아라."

그리고 수도원 해안에 십자가를 세워 '기원후 1694년 선장 표트르가 이를 세우다'라는 글자를 네덜란드어로 새겼다.

○ 표트르 대제가 수도원에 들어가서 성령께 예배를 마치고 아르한겔스크로 돌아오니 새로 건조된 군함이 항구 내에 이미 정박해 있었다. 대제는 이에 매우 기뻐하여 즉시 이를 기함으로 삼고 다른 선박들을 포함하여 함대를 편성하고 배들을 나란히 줄 세워 백해로 향하였다. 대제는 신호법을 친히 발명하여 여러 차례 시험하였는데 좋은 결과를 얻었는지라 급히 항행할 것을 명하여 모스크바로 향하는 도중에도 대연습을 거행하였다.

이에 러시아 해군이 발달하여 점점 모습을 갖추어가니 대제는 만족스러운 마음이 들어 스스로 흑해의 패왕이 되고자 뜻밖의 행동을 하여 오스만[93]령 아조프[94]를 공격하였다. 그러나 그 방비가 견고

---

[93] 오스만(土耳其, Turkey or Osaman Empire): 음역으로는 터키 혹은 튀르키예로

하여 공략하지 못하매 한을 머금고 모스크바로 돌아오게 되니 때는 1695년이었다.

이듬해 봄 2월에 이르러 이반 5세가 발광증(發狂症)으로 붕어하니 이 이후로는 표트르 대제가 유일한 황제가 되어 모든 일을 뜻대로 처결할 수 있게 되었다. 이때를 당하여 대제가 어려서부터 훈련시키던 '놀이군대'는 점점 증가하여 이미 7만 5천의 용병을 포함하게 되었으니, 육군을 크게 확장하여 기병대와 야전포병대를 신설하고 독일군 장교를 초빙하여 이를 훈련시키게 하였다.

○ 표트르 대제는 아조프를 다시 공격하여 지난날의 실패를 설욕하고자 오매불망하더니, 군비가 점점 정돈됨에 따라 이내 뜻을 정하고 배를 돈강[95] 하류의 보로네슈[96]에 집결시키고 1696년[97] 5월에 강물이 크게 불어 넘치는 것을 기회로 삼아 강을 따라 내려가서 아조프로 향하였다. 오스만의 해군이 돈강 하구에서 이를 요격하였으나 그들은 지난날 러시아군이 패배하고 돌아간 일을 비웃으며 잘난 체하고 멸시한 까닭에 방어태세를 견고하게 갖추지 않았으므로 한 번의 전투로 러시아군에게 패한 바가 되어 항복하였다.

옮기는 것이 옳으나 당시는 오스만제국이었으므로 이에 맞추어 고쳐 적었다.
[94] 아조프(阿素富, Azov)
[95] 돈강(頓河, Don River)
[96] 보로네슈(布婁泥津, Voronezh)
[97] 1696년: 원문에는 1796년이라 되어 있으나 이 역시 1696년의 오식이라 판단하여 고쳐 적었다.

이에 표트르 대제는 아조프를 점령하여 흑해 입구에 러시아의 좋은 항구를 만들고 강성한 해군을 융성케 하여 장래에 오스만을 병탄할 계획을 정하게 되었다. 또한 '해군을 융성케 하려면 먼저 노련한 장교를 양성하는 것이 좋다'라고 생각하고 귀족의 자제들을 여럿 선발하여 이탈리아[98]와 영국[99]과 네덜란드[100]에 나누어 파견하여 항해와 조선 기술을 배우게 하였다. 이는 훗날 러시아 해군을 강성하게 만든 기초가 되었으니, 러시아 역사상에는 실로 대서특필할 바라고 하겠다.

---

[98] 이탈리아(伊太利, Italy)
[99] 영국(英吉利, England or United Kingdom)
[100] 네덜란드: 김연창 저본은 波蘭, 사토 노부야스 저본은 葡蘭土라 하여 '폴란드'를 지칭하고 있지만, 당시 상황을 고찰컨대 이는 '네덜란드'를 잘못 적은 것으로 보인다. 당시 폴란드 해군은 강성한 것과는 거리가 멀었으며, 표트르 대제가 귀족의 자제를 선발하여 유학을 보낸 나라들도 영국, 이탈리아, 네덜란드 등이었다. 여기에서는 네덜란드로 고쳐 적었다.

제5장
표트르 대제의 외국 만유漫遊

○ 표트르 대제는 여러 사업을 시작하여 혹은 광산을 뚫고, 혹은 총포를 제조하고, 혹은 병사들의 군복에 쓸 옷감을 직조하고, 혹은 인민의 교육을 위하여 인쇄업을 성대하게 하여 서적 출판을 늘리고자 하였다.

그러나 러시아 인민 중에는 이러한 사업들을 담당하기에 적당한 기술자가 없어서 일일이 외국인을 초빙해서 고용하려면 막대한 비용을 지출해야 하는 데다가, 또한 자국 노동자들 생계의 앞길을 가로막을 우려도 있었다. 따라서 유학생을 여러 나라에 파견하여 각기 전문적인 학술과 기예를 배워서 완전한 교사와 직공을 양성하는 것이 가장 좋은 방법이었다.

하여 여러 차례 유학생을 파견하였으나 그들은 외국어에 능숙하지 못함으로 인하여 충분한 연구를 하지 못하고 혹은 방탕하고 나태하게 보내며 중도에 유학을 그만두고 귀국하는 자들이 많아서 좋은 결과를 기대하고 유학생을 파견하고자 했던 계획도 만족할 만한 결과는 끝내 얻지 못했다.

이에 돌연 깨달음을 얻은 대제는 직접 유럽 여러 나라를 돌아다니며 각처에서 여러 기술자를 채용하여 본국으로 보내어 직공들을 양성하고, 또한 제철과 조선, 제지(製紙) 등의 사업을 몸소 연습하고자 하였다. 그리하여 서유럽 만유의 일을 이내 결정하고 하루는 여러 신하를 소집하여 설명했다.

"짐이 어리석어 나라를 다스리는 방법을 알지 못하니 밤낮으로 이를 생각하매 편히 먹고 잘 수조차 없다. 지금 모스크바와 나라 전체를 다스리는 일을 잠시 경들에게 위임하고 짐은 친히 외국을 돌아보면 많은 소득이 있을 것으로 기대한다."

신하들이 이를 듣고 모두 놀라고 의아하게 여기어 그를 말리려고 하였으며, 또한 모스크바 시민들은 대제가 멀리 해외로 나가는 것을 크게 개탄하며 대제를 원망하였다.

"오호라 표트르 대제는 정교회의 황제가 아닌가? 어찌하여 우리를 버리고 이교도들의 나라에 가고자 하는가? 생각건대 황제는 분명 돌아오지 아니할 것이니 이는 참으로 나쁜 일이로구나. 이슬람교도들이 황제를 속여서 유혹하는 것이다."

그러나 대제는 그들의 말을 근심하지 아니하고 즉시 출발하고자 하였다. 프레오브라젠스코예에 있는 레포르트의 집에 이르러 송별연을 크게 열고 이별의 아쉬움을 말하며 술을 서로 권하여 반쯤 취한 상태가 되었다. 홀연 한 사람이 대제에게 아뢰었다.

"지금 사수 두 명이 와서 긴밀히 아뢸 일이 있다고 합니다."

대제가 즉시 이들을 불러 접견하니 사수들이 아뢰었다.

"스트렐치의 대장 치클러가 소코브닌[101] 등과 서로 모의하여 오늘밤 궁전에 불을 지르고 폐하를 태워죽이려고 합니다."

---

101) 소코브닌(素哥弗寧, Alexei Sokovnin, ?~1697)

대제가 이를 듣고 노한 기색을 숨긴 채 근위대장에게 명했다.

"오늘밤 11시에 소코브닌의 저택을 포위하여 한 사람도 도망가지 못하게 하라."

그리고는 다시 연회장으로 돌아와서 이전과 똑같이 담소를 나누고 술잔을 기울이다가 다른 참석자들과 함께 연회를 마쳤다.

그때 반란의 무리는 소코브닌의 저택 깊숙한 곳의 방에 모여서 음모를 이미 충분히 논의하여 완성한 뒤 이제 막 실행할 참이었다. 한 사람이 문을 밀치며 바로 들어오니 사람들이 놀라서 그를 바라보았는데, 그는 바로 표트르 대제였다. 누가 이렇게 될 줄을 예상하였겠는가. 대제는 이내 웃음을 머금은 채 나서면서 반역자들에게 물었다.

"그대들이 이런 깊은 밤에 모여서 논의함은 어떤 일을 벌이고자 함인가?"

모인 자들이 모두 놀란 직후인지라 한마디로 대꾸하지 못하거늘 대제가 다시 말했다.

"짐은 오늘 저녁 연회를 마치고 돌아오는 길에 창문 틈으로 등불빛이 새어 나오는 것을 보고 분명 술자리가 벌어졌는가 하여 참여하러 온 것이다."

반란의 무리 중 하나가 답하였다.

"신 등은 가벼운 음주나 즐기려고 여기 모였을 뿐입니다. 감히 다른 뜻은 없사오니 원컨대 폐하께서는 저희의 죄를 용서하십시오."

대제가 말했다.

"그 일은 괜찮으니 짐에게도 한 잔을 주어라."

소코브닌이 이에 술을 올리며 대제의 강녕함을 축원하였다. 이때 대제는 근위대장의 도착이 늦어짐을 의아하게 여기며 종종 기이한 이야기나 유쾌한 농담을 하면서 시간을 끌었다. 반란자들이 이런 좋은 기회를 놓칠까 두려워하여 서로 암호를 주고받으며 일시에 공격하려고 하였다. 한 사람이 일어나서 소코브닌에게 시간이 이미 도래했음을 고하자 대제는 분노를 참지 못하고 성난 눈이 찢어지듯 하며 날카로운 목소리로 말했다.

"그렇다, 짐의 시간 역시 이미 도래했노라."

그리고 즉시 나아가 소코브닌을 상 위에 쳐서 쓰러뜨리고 큰 소리로 부르짖으며 근위대장을 부르니, 근위대장은 정예병을 데리고 실내로 뛰어 들어와 그 무리를 모두 체포하였다. 대제는 근위대장이 늦은 것에 크게 노하여 주먹을 들어 그를 때렸다. 근위대장은 대제의 발아래 엎드려 시각이 적힌 명령장을 보여주었다. 대제는 이내 자신의 잘못을 깨닫고 근위대장에게 입을 맞추며 자신의 실수를 사과하였다.

○ 이후 표트르 대제는 급히 유람길을 떠나고자 하였다. 정권을 귀족 레프 키릴로비치 나리쉬킨에게[102] 위탁하고, 보리스 골리친을

---

[102] 정권을 귀족 레프 키릴로비치 나리쉬킨에게: 원문에는 "禮弗吉利羅比致와 那利斯金 兩人에게"라 하여 두 사람에게 부탁한 것처럼 되어 있으나 사실 이는 잘못된 서술이다. 禮弗吉利羅比致와 那利斯金이 아니라 禮弗吉利羅比致那利斯金, 즉 레프 키릴로비치 나리쉬킨 한 사람을 가리키는 것이나, 어째서인지 사토 노부야스와 김연창 모두 이를 별개의 두 사람으로 서술하는 오류를 범했다. 여기에서는 사실에 맞게 고쳐 적었다.

모스크바 시장으로 임명하여 대제가 없는 동안 나랏일을 돌보게 하였다.

또한 레포르트와 골로빈[103]을 특파대사로 정하고 대제 자신은 그 수행원이 되어 총원 200여 명을 구성하고 1697년 초가을에 모스크바를 출발하여 독일로 향하였으니 표트르 대제가 얼마나 뜻을 이루어 만족해했을지 알 만하다. 그러나 그는 대학교에 입학하려 했던 것도 아니요, 아무런 이익도 없는 어학을 연구하려는 것도 아니며 또한 외국인에게서 우대를 받으려고 했던 것도 아니라 단지 활발한 지식을 세계에서 얻기 위함이었다.

○ 그 일행은 폴란드를 거쳐 리가[104]에 무사히 도착하였다. 대제는 여가를 틈타 종자들과 더불어 여러 나라의 형세에 대한 이야기를 나누었으며, 혹은 그들을 동반하여 리가 시내를 거닐면서 인정과 풍속을 탐지하고, 혹은 병영이나 포대, 화약고 등을 시찰하면서 새로운 지식을 많이 얻었다.

리가에서 일주일을 머무르다가 이내 일정을 계속하여 독일의 쾨니히스베르크[105]에 도착하니 레포르트의 옛 친구인 모 후작은 일행을 환영하여 매우 우대하였다. 그러나 대제는 이를 피하고 홀로 길거리를 배회하면서 학교와 병원, 병영 등을 돌아보았다.

---

103) 골로빈(哥洛和隱, Fyodor Alexeyevich Golovin, 1650~1706)
104) 리가(利俄, Riga)
105) 쾨니히스베르크(客尼克順倍路克, Könisberg): 현재 러시아의 칼리닌그라드(Kaliningrad)

당시 프러시아[106]의 왕이 그 일행 중에 표트르 대제가 있다는 이야기를 듣고 즉시 사신을 보내어 그 진위 여부를 물으니, 대제는 자신의 신분을 숨긴 채 다니는 중이므로 공식적인 회견은 불가능하였다. 이에 밤을 틈타 왕을 개인적으로 방문하니 왕이 매우 기뻐하여 각종 구경거리로 대제를 위로하였다. 이때부터 두 군주는 빈번히 서로 왕래하며 깊은 정을 나누었다.

대제는 독일에서 약 1개월가량 머무른 뒤 다시 출발하여 작센공국의 코펜브뤼게[107]에 도달하였다. 마침 그때 여황(女皇) 소피아[108]와 황녀 샤를로테[109]가 그곳의 큰 모임에 온 관계로 우연히 만나게 되었다.

○ 대제는 호기심이 강해서 한번 진기한 물건을 보면 그것을 반드시 정밀하고 섬세하게 살펴보고는 했다. 하루는 길거리를 산보할 때, 어느 귀부인이 허리에 에나멜 시계를 찬 것을 보고는 매우 신기

---

106) 프러시아(普魯士, Prussia)
107) 코펜브뤼게: 김연창은 이를 "덴마크(丁抹國)의 수도"라고 적었으나 사실 이는 사토 노부야스의 오역에서 비롯된 것이다. 발리셰브스키에 따르면 당시 표트르 대제는 덴마크를 간 적이 없으며, 다만 쾨니히스베르크를 떠나 네덜란드로 이동하던 도중 작센 공국의 코펜브뤼게(Coppenbrügge)라는 곳에서 소피아 선제후비의 딸 샤를로테를 만났던 적은 있다(pp.83~84). 사토 노부야스는 이 코펜브뤼게를 코펜하겐으로 오인하였는지 이곳을 "でんまるくの こつへんへいげん(덴마크의 코펜하겐)"이라 적었고, 이를 다시 김연창이 "덴마크의 수도"로 옮기게 되었다. 여기에서는 사실에 맞게 고쳐서 적었다.
108) 소피아(素比亞, Sophia of Hanover, 1630~1714)
109) 샤를로테(加爾路體, Sophia Charlotte of Hanover, 1668~1705)

하게 여겨 말도 없이 곧장 나아가 시계를 낚아채서 한동안 빤히 쳐다보다가 이내 가버렸다. 또 프랑스식 가발을 쓴 여인이 왕실의 고관과 서로 이야기를 나누는 것을 보고는 심히 신기하게 여겨 그 가발을 무례하게 벗기고는 한번 본 뒤에 크게 소리를 내어 웃고는 길가에 던져버렸다.

○ 대제는 항상 각종 제작소를 순시하여 그 내부의 사정을 환하게 깨달았으며, 외국인을 만나면 늘 여러 가지를 질문하여 몽매한 인민들을 어떻게 문명으로 이끌지를 깊이 연구하였다. 또한 대제가 열심으로 시찰하려고 하는 바는 바다의 일과 관련된 것들이었다. 해군 강국이 배를 만드는 모습을 목격하고 또 그 기술을 친히 학습하려고 하나 그곳에는 유명한 조선소가 없었으므로 옆 나라 네덜란드에 가보기를 결심하였다. 네덜란드는 당시에 가장 강성한 해군 강국으로 노련한 항해자를 많이 배출하였으며 또 우수한 조선 기술자를 여러 나라에 공급하여 그 명성이 천하에 이미 퍼져 있었다.

○ 대제는 레포르트와 기타 다수의 수행원을 덴마크에 머무르게 하고 오직 대여섯 명의 종자만을 데리고 바닷길을 따라 네덜란드의 암스테르담[110]에 도착하였다. 네덜란드 정부는 이들을 매우 우대하였으나 표트르 대제는 오로지 겸손히 사양하며 단지 일개 인민으로 대우해주기를 희망하였다.

---

110) 암스테르담(安特坦府, Amsterdam)

대제가 암스테르담에 머무르면서 보고 들은 것이 무엇 하나 신기하고 활발하지 아니한 것이 없어서 마치 혼돈한 구세계(舊世界)로부터 광명한 신세계에 나온 것과 흡사하였다. 매일 주변의 수많은 기술과 상업, 물산 등을 가장 깊이 있고 세밀하게 살폈다.

이 지역의 사방 5마일[111] 되는 잔담[112]은 예로부터 조선 기술로 유명한 지방이었다. 우선 이를 시찰하고자 하여 잠시 암스테르담을 떠나 작은 배를 대고 운하를 따라 거슬러 올라가서 잔담항에 입항하였다. 상륙할 때 보니 강기슭에서 작은 배에 올라 노를 저으며 장어를 낚는 네덜란드인이 있었다. 표트르 대제가 자세히 보니, 과거 모스크바에서 대장장이로 일하던 외국인 그릿 키스트[113]였다. 놀라움과 기쁨을 금치 못하여 자기도 모르게 그 이름을 외쳤다. 그 사람이 놀라서 돌아보니 건장한 장년 남성이 옆에 있었는데, 그 용모가 미려하고 기골이 장대하였으며 머리에는 검은색 가죽 모자를 쓰고 붉은색 모직물 상의와 하얀 견직물로 만든 넓은 바지를 입은 채 미소를 지으며 자신을 응시하고 있었다. 그는 다른 사람이 아니라 즉 모스크바의 표트르 대제였다.

그가 기이한 만남에 크게 놀라며 우선 자신이 사는 집으로 인도했다. 표트르 대제는 잠시 그의 집에서 지내면서 자신이 와 있다는 것을 비밀로 하여 누설치 말라고 명하였다. 키스트는 분부를 지키

---

111) 마일(哩, mile)
112) 잔담(撤亞里大漠, Zaandam)
113) 그릿 키스트(留理富基斯篤, Gerrit Kist, ?~?)

겠다고 하며 침실로 인도하여 후히 대접하였다. 표트르 대제가 방을 둘러보니 키스트는 가난함에도 불구하고 아름답게 장식된 침대를 준비해두었기에 표트르가 이를 쓸데없는 물건이라고 하였다. 그러자 키스트는 즉시 도끼를 들고 이를 부순 뒤에 새로 책상과 의자를 하나씩 만들어서 대제께 바쳤다. 당시 표트르 대제가 묵었던 이 초라한 집은 지금까지 잔담에 남아있다고 한다.

○ 표트르 대제는 키스트를 자신의 심복으로 정하고 매일 시내를 배회하면서 방방곡곡을 시찰하기를 거르지 않았다. 땅은 비록 좁으나 시내는 매우 깨끗하였으며, 높고 넓은 집들은 물고기 비늘처럼 즐비하게 늘어서 있었다. 운하에는 각국의 상선들이 가득하여 돛이 숲처럼 빽빽하게 서 있었고, 강변에는 조선소와 각종 제조소가 나열하였는데 물레방아와 쇠망치 소리가 요란하니 항상 사람의 이목을 놀라게 하였다. 대제가 이를 주의 깊게 들여다보면서 상공업이 번성한 것을 감탄하였다. 또한 시민들이 일하는 것을 중요하게 여겨서 한시도 허비하지 않는 것을 목격하고는 감격하여 어찌할 바를 몰랐다.

자신의 목적을 달성할 곳은 바로 이곳이라 여기어 드디어 조선술을 직접 배워보겠다고 결심하고 키스트의 소개를 받아 커다란 조선소 주인 린스트[114]를 방문하여 직공으로 일하기를 요청하였다.

---

114) 린스트(李須土, Lynst Rogge, ?~?): 발리셰브스키의 책에는 기록이 없으며, 유진 셔일러의 *Peter The Great*(1890, p.288)에 언급되어 있다.

이를 허락하니 대제는 기쁨을 이기지 못하여 표트르 미하일로프[115]라는 가명으로 매일 조선소에 출근하였다.

대제는 당시 완력이 있고 또 손기술이 좋아서 특히 주인의 사랑을 받아 많은 편의를 얻을 수 있었다. 그는 아침 일찍 나와서 예정된 근로를 마친 뒤에는 즉시 귀갓길에 올라 시장에서 음식을 산 뒤 키스트의 집으로 돌아와 이를 요리하였다. 만일 러시아에서 일을 시켰던 직공을 만나면 곧 그를 집으로 데려와 서로 옛정을 나누었다. 또한 그는 뱃놀이를 매우 좋아해서 때때로 특이한 모양의 항해용 도구를 발명하여 이를 운하에서 실험해보기도 하였다.

○ 대제는 그곳에 머무르며 자신의 존엄한 신분을 숨기려고 하였으나 그의 평소 행동조차도 자연히 사람들의 의심을 사게 되었다. 그가 시험 삼아 300루블의 큰 금액을 투자하여 가벼운 배 한 척을 구매하니, 시민들은 그가 평범한 직공이 아니라 재물이 상당히 많은 사람임을 알게 되었다. 또 매일 아침에 러시아의 고등 관료가 그의 거처에 찾아와서 공사(公事)를 의논하는데 그는 마치 우두머리와 흡사하여 큰 소리로 일의 가부를 정하고 러시아인들은 그를 두려워하여 오직 그 명령에 복종할 뿐이었다. 이러한 광경을 목격한 사람들은 모두 그가 신분이 고귀한 사람임을 알게 되어 그에 관한 소문이 전 도시에 순식간에 널리 퍼졌다.

---

115) 미하일로프(彼得彌海爾, Peter Mikhailov): 표트르 대제는 유럽 만유 당시 자신이 차르라는 것을 숨기기 위해 표트르 미하일로프라는 가명을 썼다.

하루는 그가 제지공장을 돌아보다가 그 기계에 주목하여 통 속으로부터 직접 종잇조각을 녹여서 양질의 종이를 만들어내니 공장주가 이를 보고 경탄함을 금치 못하였다. 표트르 대제가 크게 기뻐하여 즉시 금화 1다닐을 꺼내서 공장주에게 주니, 사람들이 이를 보고 그의 신분을 더욱 의심하게 되어 곳곳에서 그의 이야기를 꺼내지 않는 사람이 없게 되었다.

하루는 공장에서 돌아오는 길에 번잡함을 피하여 좁은 길을 택하여 거리에서 산 매실을 먹으며 지나가는데 아이들이 좌우에서 따라오며 매실을 나누어달라고 청하였다. 그는 즉시 요청에 응했으나, 매실이 부족해서 아이들에게 공평하게 나누어줄 수 없었다. 이에 아이들이 무수히 욕하며 흙덩어리를 집어 들어 그에게 던지는 지경에 이르니, 그가 큰 곤욕을 치르고 숙소로 도망치듯 돌아오게 되었다.

이때부터 시청에서는 그가 고귀한 사람임을 이미 알게 되었으므로 시내에 영을 내려 체류 중인 외국인들에게 무례하게 행동하는 것을 엄하게 금지하였다. 이에 시민들이 더욱 이상하게 여기고 그의 풍채를 보고자 하여 매일 수십 명의 사람이 키스트의 집을 찾아오게 되었다. 키스트는 사람들을 향해서 그는 모스크바의 목수로 여기 와서 머무르는 자라고 말하니, 그 아내가 남편의 거짓말을 듣고는 참다 못하여 결국 표트르가 바로 러시아의 황제라고 사람들에게 말해버리는 지경에 이르렀다. 이때부터 표트르가 황제의 신분이라는 것을 모든 시민이 알게 되니, 그는 마음대로 시내를 배회할 수 없게 되었다.

마침 그때 레포르트의 일행이 덴마크에서부터 네덜란드로 와서 암스테르담에 도착하였다는 소식을 듣고 신속하게 잔담을 벗어나서 다른 곳으로 가는 게 좋겠다고 생각하여 급히 암스테르담으로 향하였다. 그러나 그곳에서도 러시아 황제가 머무르고 있다는 사실을 이미 알고 있으므로 사람들이 성대하게 대접하려고 하였다. 그는 이를 애써 피하고, 시간을 헛되이 쓰지 않고 깊이 몰두하여 조선 기술의 형편을 조사하기 위하여 이곳에서 몇 주일을 더 머물렀다. 동인도회사[116] 사장의 승낙을 얻어 그 조선소에 가서 다시 직공 노릇을 하였는데, 다른 직공들이 그가 러시아의 황제임을 알고 때때로 존경의 뜻을 표하려 하니 그는 이를 한사코 거절하였다.

이곳에 머무른 지 수 개월에 '성 베드로 호'라는 배를 한 척 만들어서 이를 네덜란드의 왕족에게 판매하였다. 그동안 숙소를 이리저리 옮기면서 낮에는 조선소에 나와서 노역을 하고 밤에는 여관에 머무르면서 정치를 열람하며, 또한 본국의 귀족들과 서신을 주고받고 특파대사[117] 레포르트와 협의하여 네덜란드 정부와 조약을 정하니 조선소의 직공과 기타 각 분야의 기술자 200여 명을 고용하여 본국으로 보내게 되었다.

○ 당시 영국은 조선 기술과 항해술이 네덜란드에 버금가는 위치에

---

116) 동인도회사(東印度會社, Dutch East India Company)
117) 특파대사: 원문에는 公使라고 되어 있으나 원문에 나타나는 최초의 표현인 '특파대사'로 통일하였다.

있어 그 나라의 형세가 마치 힘차게 떠오르는 아침 해와 같았다. 표트르가 이에 영국의 조선 기술도 시찰하고자 하여 특파대사 등은 네덜란드에 머무르게 하고 홀로 영국으로 건너가니 때는 1698년 1월이었다.

그는 런던[118]에 도착해서 자신을 한 명의 개인으로 대우해달라고 요구하였으나 영국 정부는 그를 특별히 웨스트민스터[119] 다리 옆의 노퍽 거리[120]에서 머무르게 하고 상당한 우대를 제공했다. 표트르는 여러 사치스러운 대우는 대부분 받지 아니하였으며, 또한 자신의 목적을 잃을까 우려하여 얼마 지나지 않아 곧 뎁트퍼드[121]로 거처를 옮겼다.

○ 대제가 이곳으로 옮겨온 뒤로 보고 듣는 것들 가운데 장쾌하지 않은 것이 없었다. 포대에 설치된 무기와 조폐국이 찍어내는 화폐, 국회의 의사당과 연극하는 광경과 회당에서의 예배와 대학의 조직 등을 자세히 살펴보았으며, 또한 비천한 업무를 꺼리지 아니하여 제지공장이나 목재공장, 직조공장에서도 일하였다. 표트르는 항상 사람들에게 이렇게 말했다.

"짐이 만일 영국에서 머무르지 아니하였다면 살면서 무역이라는 게 어떤 것인지를 알지 못하였으리라."

---

118) 런던(倫敦, London)
119) 웨스트민스터(西民斯達, Westminster)
120) 노퍽 거리(容克是爾坦下, Norfolk Street)
121) 뎁트퍼드(列的傍土, Deptford)

표르트는 뎁트퍼드에서 유명한 『실바』(Silva)[122]의 저자 이블린[123]의 집에 머무르고 있었는데, 당시 이블린의 일기는 표르트의 행동을 이렇게 기록했다.

표르트는 우리나라의 조선 기술을 알기 위하여 영국 국왕의 궁전에 머무르지 아니하고 내 집에 있으면서 이를 영국 국왕이 준 궁전이라고 생각한다.

또 그 하인이 자신의 주인 이블린에게 보낸 편지 가운데에서도 대제의 생활하는 모습을 다음과 같이 서술했다.

이곳에 인민이 모여 사는 불결한 가옥이 있는데 러시아 황제는 여기에 거처를 정하여 주인의 서고와 이웃하고 식당은 서재와 마주보고 있었다. 오전 10시와 저녁 6시에 식사를 하였으며 집에 있는 경우는 매우 드물었다. 때때로 옷을 갈아입고 영국 국왕을 방문하였고, 또한 강변을 거닐면서 혼자 즐기곤 하였다.

영국 국왕은 여러 차례 대제를 연회에 초대하였으며, 또한 대제

---

[122] 『실바』(Silva): 여기에는 다소의 오역이 있다. 김연창은 "씰버(銀)"라고 번역했지만 사토 노부야스는 음역어 없이 가나로만 シルバ라고 적었다. 이는 존 이블린(John Evelyn)이 1664년에 출간한 저서 Silva를 가리킨다. 이 책은 목재의 중요성과 산림자원경제의 문제를 다룬 것으로 은이나 여타의 귀금속과는 별 관계가 없다. 여기에서는 본래의 책 제목을 적고, 그에 맞게 '창조자' 역시 저자로 바꾸어 표현하였다.
[123] 이블린(英邊隣, John Evelyn, 1620~1706)

의 체재 비용을 모두 부담해주었다. 표트르는 이곳 조선소에서 머무르며 남는 시간에는 수학과 항해술과 해부학을 모두 배워서 익혔다.

○ 표트르 대제는 유람하는 동안 여러 위인이나 유명인사들과 어울리는 기회를 놓치지 않았다. 당시 영국의 유명인사들은 대제의 요청을 받고 다수의 기술자나 의사 등을 고용하는 데 분주하였으며, 영국 국왕도 표트르와는 항상 친밀하게 어울렸다. 당시 영국 국왕이 대제에게 증정한 자신의 초상화는 지금도 크렘린 궁전 아틀리에에 보관되어 있다고 한다.

○ 대제는 영국 해군의 제도와 상선 및 군함의 건조 방법 등에 대한 조사를 모두 마치고 런던 부근의 명소와 유적들을 탐방한 후에 항해자와 기술자 500여 명을 고용하여 이들을 데리고 영국을 떠났다. 이후 네덜란드의 암스테르담에 이르러 특파대사 일행과 합류하였다.

오스트리아[124]의 빈[125]에 이르러 오스트리아 국왕을 알현한 후에, 그들과 힘을 합쳐 오스만을 정복할 계책을 논의하였으나 모종의 이유로 인하여 대략적인 방안을 얻지 못하였다. 이후 빈을 떠나서 이탈리아로 향하려 할 때, 본국에서 스트렐치가 다시 봉기하여 황제의 개화주의를 반대하는 귀족 등과 모의, 표트르 대제를 폐위

---

124) 오스트리아(墺國, Austria)
125) 빈(維也納, Wien)

시키고 소피아를 제위에 옹립하고자 한다는 소식을 접하였다. 이에 급히 빈을 출발하여 이탈리아를 경유해서 본국으로 가려고 할 무렵, 베니스[126]에서 본국의 소란은 고든 장군에 의해 이미 진압되었다는 소식을 듣고 겨우 안심하였다.

비록 일이 진정되었다고는 하나 대제는 그 반란의 무리를 하루 속히 처분하고자 하여 귀국길을 서둘렀다. 9월 19일 모스크바에 도착하니 시민들의 환영은 이루 말로 표현할 수 없을 정도였다. 대제는 우선 반란의 무리를 엄벌에 처하고, 스트렐치를 전면 폐지하였으며 소피아를 유폐시켜 다시는 나랏일에 간섭하지 못하도록 하였다. 이때부터 비상한 열의와 결단으로 내정을 개혁하여 자신이 뜻한 바를 관철하게 되었다.

---

126) 베니스(邊尼斯, Venice)

제6장
표트르 대제의 내정 개혁

 이 개혁은 인문 발달의 신기원이 되니, 러시아 제국은 표트르 대제의 대개혁으로 인하여 신기원을 이룩하였다고 해도 과언이 아니다. 대제는 서유럽의 선진국들을 널리 돌아보면서 새로운 지식을 얻고 이를 활용하여 내정 개혁을 계획하였다. 그는 이탈리아에서 귀국할 때 한꺼번에 서유럽의 문물을 수입하려고 하여 풍속이나 사상, 학문, 기술 일체를 단번에 바꾸겠다는 생각으로 개혁을 실행하였다.

○ 표트르 대제는 매일 여러 관청의 문 앞에 여러 법률을 게시하여 매우 엄격하게 준수하도록 명령하였다. 만일 법률 가운데 사소한 결점이라도 발견되면 밤낮을 가리지 않고 이를 부지런히 개정하였다.
 대제는 기묘한 수염 금지령을 반포하여 수염을 기르는 것을 엄격하게 금지하였다. 그러나 당시 러시아의 풍습은 긴 수염을 신성하게 여겨서 인민들이 이 명령을 쉽게 따르지 아니하였다. 대제는 부득이하게 순사와 병졸들에게 명령을 내려 길거리에서 수염을 기른 자를 만나거든 이를 끌고 와서 그 수염을 자른 뒤에 놓아주라고 하되, 만일 수염을 자르지 않겠다고 반항하는 자가 있거든 다소의 세금을 내게 하고 작은 기장(紀章)을 주어 항상 그 가슴에 달고 다니게 하여 이를 구별할 수 있게 하였다. 대제 역시 이 금지령을 어겨서 막대한 벌금을 지불한 적이 있다고 한다.

대제는 사치스러운 풍습을 교정하기 위해서 인민에게 긴 옷자락이 달린 옷을 입거나 수많은 하인을 동반하여 외출하는 것을 엄격하게 금지하였다. 이때 대제는 사람을 다스리고자 하는 자는 반드시 솔선수범하는 것이 필요하다 하여 항상 홀로 시내를 돌아다니면서 자유로움과 안락함의 참맛을 보여주곤 하였다.

또한 당시 달력이 매우 번거롭고 어지러워 인민이 이를 적용하지 못한다고 하여 기존 슬라브력[127]의 9월 1일 설날을 폐지하고, 이를 대신해서 1월 1일로서 설날을 정하였다. 그러나 인민들은 완고하고 어리석어 이러한 명령을 따르지 아니하고 벌금을 내면서라도 슬라브력을 고수하는 사람들이 많았다.

○ 대제는 사람들의 지식을 계발하고 준수한 인재를 양성하고자 한다면 반드시 학교를 설립해야 한다고 여겼다. 이에 교육은 종교인들에게 맡기는 것이 가장 편리하다 하여 모스크바와 상트페테르부르크[128]에 고등학교를 설립하고 각 현(縣)에 명하여 소학교를 세웠으며, 귀족들의 취학을 강제로 장려하기 위해서 학교에 다니지

---

127) 슬라브력: 원문에서는 舊曆이라고 표현했다. 여기에서는 사실관계에 맞추어 슬라브력으로 고쳐 쓴다.
128) 상트페테르부르크(彼得堡/聖彼得堡府, Saint Petersburg)

않은 귀족은 결혼할 능력이 없다고 포고하였다. 기타 육해군 대학교를 설립하였으며 의학교와 시약원(施藥院)을 설치하고 해부학실습소를 창설하였다. 천문대를 지어 일식의 이치를 밝혀냄으로써 인민들의 미신을 깨우치고 식물원을 설립하여 나라 안의 각종 진귀한 풀과 아름다운 나무를 수집하는 등 각종 사업을 열심히 경영함으로써 선진 문화의 수입을 꾀하였다. 또한 독일 학자 라이프니츠[129]의 권고를 좇아 과학아카데미[130]를 창설코자 하였으나 불행하게도 그 사업이 미처 빛을 보기도 전에 라이프니츠가 먼저 사망하고 말았다.

　대제는 또한 생각하되 '문명의 기초를 확립하고자 하면 문무의 힘이 반드시 함께 한 뒤에야 가능할 것이다'라고 하여 먼저 징병령을 시행하였다. 각지의 정예를 널리 모집하되 육군은 독일을 참고하고 해군은 네덜란드를 본받아 각 요해처에 대본영을 설치하고 수십 만의 날랜 군사를 모았다.

○ 당시에는 귀족들이 크게 발호하여 황제를 함부로 폐위하고 새로 옹립할 수 있는 권한이 그들의 손안에 있었다. 대제는 이를 크게 우려하여 그들의 권력을 빼앗아 귀족 제도와 임관령을 개정하였으며 기존의 세습제를 완전히 폐지하고 널리 준수한 인재를 등용할

---

129) 라이프니츠(來布尼非, Gottfried Wilhelm Leibniz, 1646~1716)
130) 과학아카데미(技藝大學, Academy of Sciences): 현 러시아 과학아카데미(Российская академия наук, Russian Academy of Sciences)의 전신이다.

길을 열었다.

○ 그의 개혁사업이 점점 진보하던 무렵, 불행하게도 그의 둘도 없는 스승이었던 레포르트가 향년 46세로 급작스럽게 서거하였다. 대제는 이에 크게 낙담하였으나 오래지 않아 용기를 다시 회복하고 더욱 쇄신 사업에 열중하였다. 대제는 레포르트의 장례식에서 과거 레포르트의 부하로 있으면서 그에게 호령을 받던 때와 같이 일개 대좌(大佐)의 자격으로 장례 행렬에 참석하였으니 이는 그가 상관의 권위에 복종하는 좋은 모범을 보여주기 위함이었다.

○ 대제의 반평생은 개혁의 역사가 되어 크고 작은 일을 불문하고 혹 개량할 만한 것이 있으면 이를 의심치 않고 바로 시행하였다. 혹은 상업가들이 사적으로 농노를 사용하는 권리를 주었으며, 혹은 각지의 민·형사 재판소를 창설하였으며, 혹은 보호금을 주어 여러 종류의 제조업을 장려했다. 또한 인민들을 설득하여 해외로 이주하는 것을 활발하게 하였으며, 혹은 도로를 수선하고 운하를 뚫어서 교통의 편리를 꾀하며, 혹은 인쇄소를 세워서 일간신문을 발행하고, 혹은 서유럽의 풍습을 모방하여 흡연을 유행하게 하는 등 실로 급속한 진보를 재촉하였다.
　볼테르[131]가 일찍이 표트르 대제에 대해 이렇게 비평하였는데 참으로 맞는 말이다.

---

131) 볼테르(慕爾丁, Voltaire, 1694~1778)

대제는 러시아 국민의 풍속과 습관과 법률 등을 개혁하여 나라를 중흥케 하는 군주가 되어 그 명성을 국민의 뇌리에 깊이 박히게 하였다.

표트르가 뛰어난 자질로 원대한 계획을 펼쳐 용감히 나아가 과감하게 행하니, 나라의 내정을 개혁하고 국가의 위세를 떨치며 완고하고 낡은 폐단들을 타파하고 게으름과 나태한 풍조를 바로잡아 자국의 주의와 정신을 확립하였다. 그리하여 표트르 대제가 한번 떨치고 일어나 대개혁을 실행한 이래로 서유럽의 문명을 빠르게 수입하여 잠깐 사이에 그 면목을 탈바꿈하게 되었다.

그러나 하나의 이로움에 하나의 해로움이 오는 것은 피할 수 없는 법이다. 상등의 시민들은 진보를 바라며 대제의 개혁을 찬성하나 하등의 시민들은 보수적인 것을 바라며 대제의 개혁을 방해하려고 시도하여 이들이 서로 질시하고 반목하니 상하가 서로 다투어 둘 사이의 차이가 크게 두드러져 날이 갈수록 큰 갈등이 벌어짐에 이르렀다.

○ 그러나 대제가 문명의 지식을 수입하고 문명의 이기를 채용한 것은 결코 외국을 숭배하기 위함이 아니었다. 이는 실로 무한한 열정으로 자국을 사랑하는 데에서 비롯된 것이다. 그러므로 그 개혁은 러시아의 현재와 미래를 통틀어 이익을 만들며, 러시아 신문명의 기초를 만들고 러시아가 크게 부강해지는 근본을 만든 것이다. 러시아의 시인 푸시킨[132]은 표트르 대제에 대해 이렇게 읊었다.

그가 고향을 멸시하지 아니하고 개혁을 과감히 단행한다 하였으니 참으로 지극하다 하겠다.

---

132) 푸시킨(葡素金. Alexandr Pushkin, 1799~1837): 러시아의 작가. 그의 외증조부인 아브람 간니발은 에티오피아 출신으로 표트르 대제가 직접 대부를 맡아준 적이 있다.

제7장
표트르 대제의 외교와 침략

○ 표트르 대제가 내정의 대개혁을 단행하니 이때부터 러시아의 문물이 빠르게 열리고 발달하는 지경으로 나아갔다. 대제는 웅대한 마음이 부쩍 일어나는 것을 금치 못하여 원대한 야망을 품고 영토를 확장할 것을 계획하였다.

먼저 스웨덴과 싸우기로 결심하니, 무릇 대제의 날카로운 안목은 당시의 형세를 통찰하여 만일 스웨덴을 정벌하고 발트해 연안 일대의 땅을 차지하여 좋은 항구를 건설하면 군사와 무역에 아주 큰 이익이 있으리라는 것을 깨달았다.

하루는 유명한 놀이군대의 고수(鼓手)가 연습 후 피곤한 나머지 얕은 잠에 들었다. 꿈에 우뚝 솟은 거대한 봉우리가 있는데 험준한 바위가 우뚝 솟아 그 꼭대기가 하늘을 찌를 듯이 치솟았다. 그런데 한 마리 커다란 독수리가 나타나 바위 위에서 작은 까마귀를 짓밟고서 이를 잡아먹으려고 했다. 꿈에서 깬 고수가 이를 괴상하다고 여겨 자신의 모친에게 물어보니, 그 모친이 이렇게 해몽했다.

"높은 봉우리는 모스크바요, 우뚝 솟은 바위는 크렘린이다. 사나운 독수리는 곧 표트르 대제이니 작은 까마귀는 어찌 스웨덴 국왕 칼 12세[133]가 아니겠느냐."

대제가 이를 전해 듣고 조용히 생각하되, 전조는 이미 나타났으니 이후의 원정은 반드시 하늘이 내린 기회라 하여 태백성(太白星)을 향해 전쟁에서의 승리를 기원하고 스웨덴을 정벌하기로 결심하였다.

그러나 대제는 단독으로 이를 수행하기는 어려우므로 연합군을 결성하는 것이 필요하다고 여겨 외교술을 부려 두 개의 동맹국을 얻었다. 덴마크의 프레데릭 4세[134)]와는 칼 12세의 매부인 프리드리히 4세[135)]로부터 슐레스비히[136)]의 토지를 나누어 받기로 약속하였고, 또한 폴란드의 왕 아우구스투스 2세[137)]에게는 스웨덴에 빼앗겼던 리보니아[138)] 지방을 탈환하도록 허락하였다. 이 두 나라의 도움을 이미 얻은 상태에서 군대가 또한 정돈되니 이에 1700년 봄 갑작스레 스웨덴을 향하여 선전포고를 하였다. 이후 20여 년간에 강대국들이 맞부딪치는 치열한 각축전이 벌어져서 유럽 천지가 큰 혼란

---

133) 칼 12세(査列斯十二世, Charles XII of Sweden, 1697~1718): 대북방전쟁 시기 스웨덴의 국왕이다.
134) 프레데릭 4세(普列陸四世, Frederik IV, 1671~1730): 대북방전쟁 당시 덴마크-노르웨이의 국왕이다.
135) 프리드리히 4세(法爾斯坦因吳都夫, Friedrich IV, Duke of Holstein-Gottorp, 1671~1702): 원문은 그의 작위인 홀슈타인고토르프 공작에 대한 음역으로 판단된다. 그리고 원문에서는 양부(養父)라고 칭했으나, 프리드리히 4세는 칼 12세의 누이인 소피아(Hedvig Sophia Augusta of Sweden)와 결혼한 상태였으므로 매부(妹夫)라고 하는 것이 정확하므로 이를 고쳐 적었다.
136) 슐레스비히(朱禮斯烏伊比, Schleswig): 현재는 독일 북부의 슐레스비히-홀슈타인주에 해당한다.
137) 아우구스투스 2세(歐俄須達斯二世, Augustus II the Strong, 1694~1733): 당시 폴란드-리투아니아 국왕이자 작센 선제후였다.
138) 리보니아(里慕尼亞, Livonia)

에 빠지니 이것이 바로 그 유명한 대북방전쟁[139]이다.

○ 당시 스웨덴의 국왕 칼 12세는 나이가 고작 19살이었다. 어려서부터 완전한 교육을 받지 못하였으며 타고난 성품이 공부를 싫어하고 항상 곰 사냥을 즐겼으며 기타 무익한 놀이를 즐겼던 까닭에 세상 사람들이 모두 그를 가리켜 평범하고 변변치 못한 사람이라 하며 매우 경멸하였다. 그러나 칼 12세는 실제로는 평범한 사람이 아니었다. 여러 나라의 무례함을 매우 분하게 여겨서 갑자기 나태한 악습을 고치고 떨쳐 일어나 여러 나라로부터 받은 치욕을 갚고자 하였다.

칼 12세는 군대를 잘 지휘하였으며 표트르 대제의 계책을 조기에 간파하였다. 아직 그 전략이 마련되지 않았다는 점을 이용하여 선공을 통해 이를 좌절시키려고 급히 군대를 이끌고 덴마크를 습격하였다. 이에 덴마크의 왕 프레데릭 4세는 낭패를 입고 어찌할 바를 몰라서 이내 강화를 애걸하게 되었다. 칼 12세는 이를 받아들여 트라벤탈 조약[140]을 체결하고 덴마크로 하여금 홀슈타인 공국의 독립을 확인하며 또한 러시아, 폴란드와 맺은 동맹을 파기하게 하였다.

뒤이어 코펜하겐[141]의 길을 빌려 리보니아 지방으로 진군하니

---

139) 대북방전쟁(北歐大戰爭, The Great Northern War, 1700~1721): 원문대로 하자면 북구대전쟁 혹은 북유럽대전쟁 정도일 것이나, 오늘날 사용되는 '대북방전쟁'으로 바꾸어 적었다.
140) 트라벤탈 조약(亞爾土羅都條約, Peace of Travendal)
141) 코펜하겐(克邊平嚴)(코푼헤근)(丁末의 都城), Copenhagen)

폴란드군이 이를 나르바[142] 성에서 포위하였으나 이기지 못하고 군을 철수하여 귀국하였다. 이때 러시아군도 리보니아 지방에 있어서 나르바 성에서 스웨덴군을 공격하였다. 칼 12세는 8천의 병력으로도 능히 러시아군 8만여 명과 대적하였다. 러시아군은 온 힘을 다하여 어렵게 싸웠으나 때는 곧 겨울이라 눈이 상당히 깊게 쌓여서 군대가 이동하는 것이 어려워졌으며, 또한 그곳의 지리에 어두워서 전진하지도 후퇴하지도 못한 채 사지(死地)에 빠져들기에 이르렀다. 하여 어찌해야 할지를 모르다가 스웨덴군이 앞다투어 전진하니 러시아군은 큰 혼란에 빠져서 서로를 짓밟는 지경에까지 이르니 죽은 자가 무척 많았다. 이에 2만 명이 죽고 수천 명이 포로로 잡혔으며 무기와 군량 등을 모두 빼앗기고 후퇴하게 되었다.

이때 표트르 대제가 패전 소식을 듣고 침착하게 신하에게 말했다.

"짐은 스웨덴군이 우리 군을 격파하였다는 것을 알고 있다. 그러나 그들에게도 어떤 방식으로 우리에게 패하게 될지를 가르쳐줄 것이다."

대제의 도량이 얼마나 크고 넓은지를 볼 수 있다고 하겠다.

○ 오호라, 전투에서 이겨서 이내 교만해지는 데에서 오는 화는 이보다 더 큰 것이 없으니, 칼 12세가 어렵잖게 얻어낸 승리는 그야말로 그의 불행한 결말을 불러왔다고 하겠다. 그는 훗날 무서운 위협이 될지도 모를 러시아군의 패배를 비웃으며 이를 도외시하여 방치

---

[142] 나르바(那爾波(날파), Narva)

한 채 돌아보지 않았으며, 그다지 두려워할 필요가 없는 폴란드와 작센[143]에 모든 전력을 소비하였다.

그는 먼저 리보니아 지방에서 폴란드군을 몰아내고 이후 특별한 저항이 발생하지 않도록 하기 위하여 그 수도인 바르샤바[144]로 쳐들어가서 한번의 전투로 이를 점령하고 그 의회로 하여금 자신의 총애를 받는 스타니스와프 레슈친스키[145]를 국왕으로 선출하게 하였다. 그러나 폴란드 사람들이 그 명령을 따르지 않고 도처에서 반란을 일으키니, 스웨덴군이 임금의 명령을 좇아 분전함에도 그 형세는 나날이 줄어들었다.

칼 12세가 이를 크게 우려하여 폴란드와 동맹인 작센을 정복하는 것이 최선이라 여겼다. 그는 폴란드군 및 작센군과 여러 차례 전투를 벌여서 이를 대파하고 작센의 라이프치히[146] 부근까지 진격하였다. 그리하여 조약을 체결하고 스타니스와프를 정당한 국왕으로 인정하게 하였으며, 1년 동안 이곳에 머무르며 군대에 필요한 비용을 지불하도록 하였다.

○ 칼 12세의 가장 큰 적수인 표트르 대제는 그가 작센에 대하여

---

143) 작센(撒遜尼, Saxony)
144) 바르샤바(和爾曾, Warsaw)
145) 스타니스와프 레슈친스키(須坦因羅斯, Stanisław Leszczyński, 1677~1766): 폴란드-리투아니아 연방의 귀족으로 대북방전쟁 당시 아우구스투스 2세에게 반대하는 폴란드 귀족들에 가담하여 그의 폐위를 선언하였다.
146) 라이프치히(雷葡知, Leipzig)

세력을 낭비하는 것을 보고 속으로 크게 기뻐하며 좋은 기회가 도래하였다 하고 대대적으로 군을 재정비하였다. 멘시코프[147] 장군으로 하여금 잉그리아 지방으로 원정하게 하니 곳곳에서 큰 승리를 거두었음을 보고하였다. 이에 승세를 몰아 스웨덴과 핀란드[148]를 공격하고 1702년에 마리엔부르크[149]에서 스웨덴군과 싸워서 대파하였다.

이때 적군의 전사한 장교에게는 예카테리나[150]라 하는 신부가 있었는데, 나이가 겨우 15세 가량에 구름 같은 머리와 꽃 같은 얼굴을 한 절세미인이었다. 대장인 바우어[151]가 그를 흠모하여 이내 자신의 처로 삼고자 하였으나, 멘시코프 장군의 간절한 청에 의해 마침내 포기하고 그에게 내주었다. 후에 표트르 대제가 장군의 집에 갔다가 그녀를 보고 크게 흠모하여 멘시코프 장군에게 간절히 청하여 그녀를 데리고 돌아오니, 훗날의 예카테리나 황후가 바로 이 사람이다.

---

147) 멘시코프(曼細格弗, Alexander Menshikov, 1673~1729)
148) 핀란드(芬蘭, Finland)
149) 마리엔부르크(末利圓堡, Marienburg): 현재는 라트비아의 알루크스네 지방을 가리킨다.
150) 예카테리나(加陀隣, Catherine I Alekseevna Mikhailova, 1684~1727): 원래 당시의 이름은 마르타 스코브론스카였으며 예카테리나는 이후에 붙게 되는 호칭이다. 다만 원문에서는 예카테리나의 영어식 이름인 캐서린을 음역하여 쓰고 있으므로 여기에서도 예카테리나로 칭한다.
151) 바우어(慕江爾, Rudolph Felix Bauer, 1667~1717). 독일 출신 군인으로 대북방전쟁 당시 러시아군의 장군이었으며, 훗날 프러시아군으로 소속을 옮긴다. 바우어가 예카테리나를 자신의 아내로 삼으려 했다는 이야기는 예카테리나의 출신에 관한 여러 소문 가운데 하나이다.

○ 1703년에는 표트르 대제가 직접 군을 이끌고 나가 리보니아와 잉그리아 지방에서 스웨덴의 수비군을 모두 물리치고 적의 땅을 영구히 점령하였다. 그와 동시에 직접 산과 강의 형세를 순시하다가 네바강[152] 하구에 이르러 휴대하였던 지팡이를 땅에 꽂으면서 선언하였다.

"반드시 이곳에 제국의 수도를 세울 것이다."

먼저 새로운 성을 지은 뒤에 그 이름을 상트페테르부르크라 하였으며, 모스크바로부터 이곳으로 수도를 옮겼다.

○ 칼 12세는 리보니아 지방에서 여러 차례 패배하였으나 이에 굴하지 아니하고 최후의 승리를 위하여 나날이 훈련을 하면서 군의 정예도를 회복하려고 하였으니, 표트르 대제가 이를 보고 크게 경계하였다. 1710년에 나르바를 점령하여 점차 새 수도의 방비를 견고하게 하였으며, 크론슈타트[153]에 보루와 장벽을 새로 설치하여 칼 12세의 군대가 공격해오기를 기다렸다.

또한 그를 농락하기 위해 사신을 보내어 강화를 위한 회의를 요청하니 칼 12세가 이렇게 답했다.

"모스크바 성 아래에 이르러 맹약을 체결하리라."

사신이 돌아와 이를 고하자 대제는 이내 웃으며 말했다.

"칼은 알렉산드로스[154] 대왕의 업적을 모방하고자 하는구나. 짐

---

152) 네바강(根波河, Neva River)
153) 크론슈타트(古倫蘇答的, Kronstadt)
154) 알렉산드로스(亞歷山, Alexander the Great, BC 356~BC 323)

이 다리우스[155]가 아닌 줄을 어찌 알겠는가? 그와 한 번 결전을 벌여 자웅을 가리겠노라."

칼 12세의 계획은 리보니아 등과 발트해 연안의 땅을 러시아로부터 탈환하여 본국인 스웨덴의 교통을 완전하게 한 뒤 러시아를 공격하는 것이었다. 그러나 그는 이전에 나르바에서 러시아군의 패배를 보고 러시아를 크게 멸시하였으므로 이번 기회에 나아가 경무장한 병력으로 빠르게 모스크바를 공격하려 한 것이다. 이는 그가 평생 범한 가장 큰 실책이며 그의 멸망 또한 여기에서 비롯되었다고 하겠다.

○ 표트르는 급히 계책 하나를 세워 스웨덴군이 모스크바에 가는데 필요한 도로를 파괴하고 들판을 불태운 뒤[156] 그들을 기다렸다. 칼 12세는 달리는 호랑이와 같은 기세로 순식간에 폴란드를 횡단하여 곧 흐로드나[157]에서 표트르 대제의 군대와 전투를 벌였다.

---

155) 다리우스(大劉士, Darius Ⅲ, BC 380~BC 330): 고대 페르시아 아케메네스 왕조의 16대 군주로 알렉산드로스의 원정에서 패배하여 폐위되었다. 김연창은 "大劉士가 其人이 아닌 줄 焉知리오"라고 하였는데, 이는 사토 노부야스가 "大劉士其人に非さることをと", 즉 "다리우스가 아니다"을 "다리우스가 그가 아니다"로 잘못 이해하여 적은 것으로 보인다. 요컨대 칼 12세는 알렉산드로스를 모방하려 하지만, 표트르 자신은 다리우스가 아니니 그가 잘못 판단하고 있다는 것이다.
156) 도로를 파괴하고 들판을 불태운 뒤: 원문에서는 "野를 淸潔케 하고"라 적었으나, 사실 이는 들판을 청결하게 했다는 의미가 아니라 청야(淸野) 전술, 즉 적군의 진격과 보급을 저지하기 위해 식량을 모두 회수하고 논밭을 태우며, 교량이나 도로 등을 파괴하는 방식의 전술을 뜻한다. 대북방전쟁 당시 러시아군은 스웨덴군의 진격을 막기 위해 청야 전술을 적극적으로 활용한 바 있으며, 이 서술은 해당 내용을 반영한 것이라고 판단하에 그에 맞게 고쳐 적었다.

○ 표트르의 군대는 적을 이 땅에서 저지하고자 하여 사방으로 달리며 힘차게 싸웠으나 당해내기에는 힘이 모자라서 이틀 내내 싸우고도 이내 승리를 얻지 못하여 후퇴하였다. 죽음을 각오한 칼 12세는 이를 추격하면서 도중에 종종 장해가 있을지라도 돌아보지 아니하고 먼 곳까지 진격하였다. 스몰렌스크 지방에 침입하자 여기서 급히 방향을 돌려 남하하여 우크라이나[158] 지방에 이르러 마제파[159]의 지원군이 도착하기를 기다렸다. 마제파는 카자크[160]의 우두머리로 보수주의를 고집하여 표트르의 내정 개혁을 크게 반대하였으므로 칼 12세를 원조하기로 약속하였다.

그때 스웨덴의 장군 레벤하우프트[161]는 칼 12세와 합류하고자 하여 많은 무기와 식량을 싣고서 우크라이나를 향하여 나아가고 있었으나 성급한 칼 12세는 그의 도착을 기다리지 않고 출발하여 적의 영역 깊숙이 들어갔다. 그리하여 양군 사이의 연락은 이내 끊어졌고, 레벤하우프트는 도중에 소지강[162]변에서 5만의 러시아

---

157) 흐로드나(苦老土那弗, Grodna)
158) 우크라이나(宇克羅隱, Ukraine)
159) 마제파(馬設巴, Ivan Stepanovych Mazepa, 1639~1709): 당시 우크라이나 카자크의 지도자였으며 대북방전쟁 당시 스웨덴과 연합하여 러시아와 전쟁을 벌였다.
160) 카자크(古索克, Cossack): 현재의 러시아와 우크라이나에 해당하는 영역에 살던 동슬라브계의 민족. 기병 중심의 용병으로 유명하여 제2차 세계대전까지도 이름을 떨쳤다.
161) 레벤하우프트(禮苑法葡土, Adam Ludwig Lewenhaupt, 1659~1719)
162) 소지강(猶克禮隱, Sozh River): 레스나야 전투의 전개를 살펴보면 여기서 언급된 강은 소지강이지만, 김연창이나 사토 노부야스의 서술에서 등장하는 강의 음역과는 맞지 않다. 사토 노부야스 저본을 토대로 보면 Ukraine에 가까운데, 아마도 우크라이나 지방을 흐르는 강 정도의 의미로만 쓰였던 게 아닌가 추정된다.

군에게 요격을 당하여 3일간 전투를 벌여 스웨덴군 전사자가 8천이나 되었다. 레벤하우프트는 대포와 탄약과 식량을 대부분 버리고 잔존병력 4천으로 포위망을 돌파하여 칼 12세와 레스나 강[63] 부근에서 합류하였다.

이 당시 칼 12세와 그의 굶주린 군대는 레벤하우프트가 도착하기를 기다려서 식량을 얻고자 하였으나 식량과 무기가 모두 적군의 손에 넘어가게 될 줄은 어찌 예상하였겠는가. 칼 12세는 부득이하게 우크라이나에 머무르면서 겨울을 나기에 이르렀다. 마제파의 카자크병은 칼 12세의 지위가 점차 위태로워짐을 목격하고, 또한 러시아의 멘시코프 장군의 움직임이 매우 활발함을 보면서 이를 크게 두려워하여 전쟁에 나가기를 거부했다. 그런 까닭에 마제파는 약속처럼 대군을 이끌고 칼 12세를 도와주지 못한 채 오직 몇 명의 종자만을 거느리고 찾아왔다. 이에 칼 12세는 크게 의심하며 물었다.

"대군은 아직 뒤에서 따라오고 있는 것인가?"

마제파가 대답하였다.

"카자크병들은 표트르의 기세를 두려워하여 그에게 반기를 들기를 거절하는 까닭에 나 홀로 와서 돕고자 합니다."

오호라, 지난날 카자크의 원조를 기대하고 대거 침입하여 러시아군을 전멸시키기를 꿈속에서도 잊지 않았던 칼 12세는 이때에 이르러 한번 기세가 크게 꺾였다. 그뿐만 아니라 눈이 가득 쌓인

---

163) 레스나강(雷須那河, Lesna River)

추운 날 삭풍이 맹렬히 부는데 옷과 음식은 없다시피 하고 병사들의 기세는 매우 쇠약해졌다. 그의 막하에 있던 2천 명의 병사가 얼어 죽어가는 것을 보노라니 칼 12세의 강한 담력으로도 진퇴양난이어서 어찌할 바를 알지 못하였다.

간신히 1709년의 봄을 기다려 산에 가득 쌓인 눈과 얼음이 이미 녹고 들판의 색이 푸르게 변할 때가 되어서야 우크라이나 지방을 떠나 모스크바를 향하여 진격하고자 하였다. 도중에 폴타바[164] 성을 포위했는데, 폴타바는 보르스클라강[165] 상류에 있어서 모스크바로 이어지는 험한 길을 막고 있는 요충지였다. 성안에는 무기와 식량을 많이 쌓아놓고 있었으므로, 칼 12세는 이 땅을 점령하여 자신의 피폐해진 군대에 물자를 보급한 뒤 과감하게 진격하면 러시아의 수도를 직접 타격할 수 있으리라 여겨서 공격을 매우 서둘렀다. 성에서는 이를 방어하며 사수하겠다는 각오로 굴하지 아니하였다.

표트르 대제는 이 소식을 접하고 5만여의 병력을 내어 폴타바를 구원하고자 하여 칼 12세와 강을 사이에 두고서 진영을 세웠다. 표트르 대제는 계책을 세워 보르스클라강을 도하하고 군을 적군의 상류에 위치하게 하였다. 이때 군을 둘로 나누어 한 부대는 보리스테네스강[166] 기슭에 도달하니, 보리스테네스강은 보르스클라강이

---

164) 폴타바(波爾土瓦, Poltava)
165) 보르스클라강(墺爾斯克羅河, Vorskla River)
166) 보리스테네스강(慕理斯微根斯河, Boristhenes River): 드니프로 강의 옛 이름이다.

이에 흘러들어 두 강이 합류하는 장소로 폴타바에서 45마일 정도 하류에 있었다. 만일 스웨덴군이 뜻대로 진격하지 못하면 러시아군은 이 틈을 타서 두 강의 사이에 이르러 강을 이용한 방어선을 세울 수 있었다.

그러므로 표트르 대제는 보루를 쌓고 큰 대포를 설치하며 전선을 견고하게 하여 필승의 계획을 세웠다. 그 보병 및 기병의 정예들도 용감하게 나아가 결전을 벌일 것을 생각하여 양식과 탄약 또한 이에 맞추어 준비하였다.

이때 칼 12세의 병력은 약 2만 4천에 스웨덴군이 과반이었다. 전투의 피로와 굶주림에 지쳤으며 북방의 추운 기운에 괴로워하니 그 용감무쌍하던 병사들이 변하여 연약하고 지친 병사가 되었다. 그러나 칼 12세는 항상 조금도 굴하지 않아서 표트르 대제가 공격해온다는 것을 듣고서 나의 권위와 명성으로서 어찌 적이 오는 것을 앉아서 기다리겠는가 하고 이에 병사들을 영외로 출진시켜서 러시아의 보루를 향해 진격하였다.

○ 그러나 칼 12세는 이날 보루의 벽을 순시하다가 불행하게도 적군의 수비병에게 저격을 당하여 발꿈치에 중상을 입어 들것에 실린 채로 군대의 행렬 사이를 오가게 되었다. 러시아군과 스웨덴군 사이의 수적 차이가 매우 크고 지리적 이점 또한 양측이 서로 같지 아니하나 병사들이 힘써 싸워 러시아군의 진지 두 곳을 점거하였다. 그러나 러시아군의 장졸들이 포연과 탄막 사이를 질주하며 계속하여 새로운 병력을 투입하여 스웨덴군의 대열을 격파하니 보루

의 벽에는 붉은 피가 강처럼 흘렀다. 그리하여 러시아군은 잃어버렸던 진지를 탈환하였다.

양 군이 평야에서 조우하여 전투를 벌이니 표트르 대제와 칼 12세의 천하의 승패는 실로 이 한 번의 전투에 달렸다고 하겠다. 이 한 번의 전투는 또한 순식간에 이루어질 것임을 알았기에 두 군주는 자신의 몸을 돌아보지 아니하였다. 양 군이 모두 자신들의 군주가 눈앞에 있음을 깨닫고 분투하며 맹렬히 싸워 죽음조차도 거리끼지 않았다. 그러나 피로하고 고달픈 스웨덴군은 그 기세가 점차 줄어드는 와중에 또한 사나운 카자크 토착민들에게 약탈까지 당하니 장졸들이 크게 혼란해지는 지경에 이르렀다. 이에 칼 12세는 유감스럽게도 철수를 결심하고 오직 7천의 병력으로 러시아군의 보루를 대적하게 한 뒤에 나머지 군대를 인솔하여 계속 나아가면서 러시아군과 치열하게 싸우며 도주하였다.

스웨덴군은 원래 경기병과 보병으로 편성되어 있었으므로 사정이 급할 때는 대포를 운반할 수 없었다. 그런 까닭에 러시아군의 포병을 향해서 충분한 효과를 거둘 수 없었다. 2시간여를 격렬하게 싸운 결과 스웨덴군은 완전히 패배하여 서로 어지러이 도망가고 러시아군은 이를 추격하였다. 강가에 이르러서는 스웨덴군의 전사자가 1만이요, 항복한 자는 3만이며 그 나머지는 고작 수백에 불과했다. 칼 12세는 겨우 목숨을 건져 보리스테네스강을 헤엄쳐 건넌 후 마제파와 몇 명의 종자를 데리고 오스만령으로 도주하여 콘스탄티노플[167] 황실의 빈객이 되었다.

표트르 대제는 이전에 잃었던 군수품과 식량보다도 훨씬 많은 전리품을 가지고 상트페테르부르크로 개선하니 시민들의 환영은 말로 표현하기 어려울 정도였다. 이때는 1709년 6월로 스웨덴의 구스타프 2세[168] 이래의 세력이 완전히 쓸려 내려가 버리고, 이에 반해 러시아는 크게 융성하게 되어 북유럽에서 강국의 반열에 올라서게 되었다. 표트르 대제는 농담처럼 "동쪽 하늘에서 떠오르는 태양이 땅 위에 내려오니 생트페테르부르크의 기초는 마침내 확립되었다"라고 말하며 크게 기뻐하였다.

2년 뒤 표트르 대제는 예카테리나를 옹립하여 황후로 삼았다. 예카테리나는 천성이 온후하고 애정이 매우 많아서 항상 표트르 대제의 난폭한 성품을 제지하곤 하였으며, 때로는 표트르 대제를 따라서 출진 계획을 세워 큰 공을 세우기도 하였다.

○ 칼 12세는 오스만에서 머무른 지 5년 동안에 한이 골수에 맺혀 언제든지 치욕을 갚아주려고 하여 밤낮으로 이를 갈고 주먹을 움켜쥐기를 쉬일 날이 없었다. 오스만 제국의 황제를 열심히 설득하여 표트르 대제를 공격할 것을 권하더니, 그의 계략이 효과를 발휘하여 1711년 오스만 제국은 러시아를 향해 선전포고를 하게 되었으며, 25만의 대병력으로 러시아를 향해 출발하였다.

---

[167] 콘스탄티노플(君士坦丁堡, Constantinople): 당시 오스만 제국의 수도. 오늘날의 이스탄불이다.
[168] 구스타프 2세(亞都爾夫阿斯, Gustav II Adolf, 1594~1632): 스웨덴 바사 왕조의 제6대 국왕이자 스웨덴의 최전성기를 불러왔던 왕. 원문의 표기는 왕의 이름인 '아돌프 바사'를 음역한 것이다.

표트르 대제는 5만의 병력으로 이를 대적하여 용감하게 맞서 싸웠다. 대제는 몰도비아공[169]의 말을 믿고 가벼이 전진했다가 푸르트강[170] 기슭에서 오스만군에게 포위를 당하였다. 그 포위망이 철통과 같아서 교통이 완전히 단절되니 주머니 속에 든 쥐와 같아서 형세가 심히 위급하였다.

표트르가 매우 고심하여 천막 안에서 묵묵히 홀로 앉아 선후책을 생각하더니, 이때 예카테리나가 "폐하께서는 용감히 대처하소서"라고 위로하였다. 또 진중을 돌아보며 병사들을 고무하고 장려하면서 다음과 같이 지시하였다.

○ "적에게 돈을 주면서 강화를 부탁하려고 하니 금과 은을 모으라" 하니 순식간에 거금을 모았다. 예카테리나가 또한 자신의 진귀하고 비싼 보석들을 추가하여 이를 오스만의 재상 발타치 메흐메트 파샤[171]에게 선물하고 강화할 뜻을 구하여 상호간에 조약을 체결하였다.

 1. 아조프를 돌려줄 것
 1. 표트르를 무사히 귀국하게 할 것

---

169) 몰도비아공(毫爾陀比亞公, Dimitrie Cantemir, Prince of Moldavia, 1673~1723): 드미트리 몰도비아 공왕. 원문에서는 이름 없이 몰도비아공이라고만 하였으므로 이를 따른다.
170) 푸르트강(葡爾斯河, Prute River)
171) 발타치 메흐메트 파샤(吳蘭泥米丁爾, Baltacı Mehmet Pasha, 1662~1712)

칼 12세는 러시아–오스만 전쟁으로 인하여 어부지리를 꾀하려다가 그 고심이 그저 물거품이 되고 말았다. 그는 오스만 정부의 거동에 매우 분개하였지만, 그 후에도 귀국하지 아니하고 그곳에 머물렀다. 오스만 정부는 그를 매우 후히 대접하였다.

칼 12세가 오스만에 머무르는 동안 스웨덴은 내우외환이 일어나 국가의 위급함이 마치 계란을 쌓아놓은 것과 같았다. 인민들이 또한 칼 12세를 폐위시키고 새로운 왕을 옹립할 음모를 기도하였으며, 폴란드, 덴마크, 프러시아, 영국 등 4개국이 러시아를 맹주로 삼고 서로 연합하여 스웨덴을 침략한다고 하였다. 칼 12세는 이러한 소식을 듣고 크게 놀라 급히 귀국길에 올라 2주일을 거쳐서 수도 스톡홀름[172]에 도착한 뒤 그곳을 근거지로 하여 연합군에 맞서 싸웠다.

이때 예카테리나는 또다시 표트르 대제와 함께 종군하여 군의 지휘 막사에 머무르면서 기묘한 계책을 빈번히 내놓아 표트르 대제가 바다와 육지에서 큰 승리를 얻게 하였다. 카를 12세는 연전연패하여 몸을 둘 땅조차 없어지니 결국 스톡홀름을 포기하고 본국으로 도주하여 귀환함에 이르렀으니 얼마나 가련한 일인가.

○ 승리를 얻은 표트르 대제는 그 후에 황후 예카테리나와 동반하여 서유럽을 다시 유람하였다. 유람의 와중에 코펜하겐에 먼저 도착하니 영국과 폴란드 두 나라의 군함 수십 척이 환영하였다. 대제

---

[172] 스톡홀름(須土羅斯, Stockholm)

는 세 나라의 함대가 서로 연합하여 스웨덴 함대를 공격하기로 계획하여 즉시 두 나라와의 동맹을 얻어냈다. 대제는 스스로 사령장관[73]이 되어 모든 군함을 지휘하여 스웨덴 해군을 습격하고 대파하였다. 대제는 좌우를 둘러보며 "이는 나에게는 가장 성공적인 일이라"라고 말하며 의기양양한 빛이 완연하였다.

○ 칼 12세는 본국으로 돌아와서 먼저 덴마크의 동맹국인 노르웨이[174]를 정복하고자 하였다. 1718년 겨울에 프레드릭스텐 요새[175]를 포위하였으나 불행히 유탄을 맞고 쓰러졌다. 오호라! 칼 12세는 불세출의 능력으로 나라의 형세를 진흥하고 비상한 용기와 인내로 표트르와 자웅을 겨루더니 또한 한 시대의 영웅이라 일컬을 만하도다. 그러나 원래 명장군의 술책도 없으며 또한 대정치가의 기량도 없고 오직 한때의 분노를 참지 못하여 그 칼끝을 가볍게 휘두르니 국력이 피폐하여 이내 스스로 좌절함에 이르렀다. 이때가 향년 36세였으니 애석하도다. 역사에서는 그를 가리키기를 '북유럽의 미친 왕'이라 칭하였으나 프랑스의 문호인 볼테르는 그를 불후의 존재로서 후세에 길이 남겼다.

---

173) 사령장관(司令長官, commander in cheif): 다만 이는 당시의 일본제국해군식 편제에 따른 직급명이며, 오늘날의 표현으로 옮기면 총사령관 정도가 적절할 것이다. 아마도 사토 노부야스가 번역하는 과정에서 당시 일본의 사정에 맞게 번안한 것으로 보인다. 참고로 러일전쟁 당시 일본 함대를 총지휘했던 도고 헤이하치로 제독의 직급이 바로 연합함대 사령장관이다.
174) 노르웨이(諾威, Norway)
175) 프레드릭스텐 요새(普理土利非斯堡, Fredriksten Fortress)

○ 칼 12세가 서거하고 새로운 왕이 즉위한 뒤로 나라의 형세는 점점 시들어서 다시 떨치고 일어날 기미가 없었다. 이에 곧 러시아는 뉘스타드 조약[176]을 체결하여 영국은 브레멘[177]과 페르덴[178]을 가졌으며, 프로이센은 슈테틴[179]과 오데르강 유역[180]의 토지를 가졌고, 러시아는 리보니아와 잉그리아 및 에스토니아[181] 일대의 땅을 얻어 발트해로 진출하는 길을 처음 얻었다. 이때부터 러시아의 형세가 나날이 융성하여 아침 해가 동쪽 하늘에 떠오르는 것과 같이 비상한 권위를 얻어 서유럽의 정세에 간섭하기에 이르렀다.

○ 스웨덴과 전쟁을 마친 후 대제는 덴마크를 떠나 뤼벡[182]을 경유해서 암스테르담에 이르러 수많은 벗을 만나 옛정을 나누었다. 그가 예카테리나 황후를 이곳에 머무르게 하고 프랑스로 홀로 건너가니 테세[183] 장군이 국왕의 대리로 됭케르크[184]에서 대제를 영접하였

---

[176] 뉘스타드 조약(尼蘇達的助業, Treaty of Nystad): 대북방전쟁 전후 처리를 위하여 스웨덴의 뉘스타드에서 러시아와 스웨덴 사이에 체결된 강화조약. 뉘스타드는 현재 핀란드의 우시카우풍키다.
[177] 브레멘(武禮兔, Bremen): 대북방전쟁 당시 덴마크가 이곳을 점령했으며, 이후 1719년 영국의 조지 1세가 브레멘과 페르덴을 덴마크로부터 매입하였다. 현재는 독일의 영토이다.
[178] 페르덴(邊爾電, Verden)
[179] 슈테틴(須天沈, Stettin): 현재 폴란드의 슈체친(Szczecin) 지역이다.
[180] 오데르강 유역(遠天爾河畔, Oder Riverbank)
[181] 에스토니아(伊斯土蘭土, Estonia)
[182] 뤼벡(留邊克, Lübeck)
[183] 테세(電西, René de Froulay, Count of Tessé, 1648~1725)
[184] 됭케르크(團金吳, Dunkirk)

다. 대제가 장군과 더불어 파리에 이르니 관민의 환대는 실로 형언하기 어려웠다. 연회에 참석하는 날도 많거니와 화려하고 아름다운 광경은 그를 크게 감동시켰다. "오호라! 나는 귀국하거든 반드시 미술을 융성하게 하리라"하고 탄식하기까지 하였다.

프랑스의 루이 15세[185]는 당시 나이가 7세로 누누이 마차를 몰아 대제가 있는 여관을 방문하니 대제는 프랑스 왕을 끌어안고 사랑하기를 마치 자신의 아이처럼 하여 흡사 친아버지와 같은 관계를 맺었다.

○ 표트르 대제는 파리에 머무르면서도 시간을 무익한 곳에 허비하지 않고 여가를 틈타 여러 공장으로 돌아다녔으며, 조선소와 포병국을 방문하여 견문을 넓혔다. 혹은 지도를 보면서 훤히 통달하기도 하였고, 혹은 포대를 본떠 만들다가 날이 저무는 것조차 모를 정도였다.

○ 하루는 대제가 프랑스의 현명한 재상 리슐리외 추기경[186]의 묘소를 참배하여 지하에 묻힌 그의 영혼에게 고하였다.

"현명한 재상이여, 짐은 경과 더불어 같은 시대에 태어나지 못함을 한탄한다. 만일 경이 이 시대에 살고 있었다면 짐은 영토의 절반을 주어도 아까워하지 않았을 것이다."

---

185) 루이 15세(若王, Louis XV, 1710~1774)
186) 리슐리외 추기경(加爾的納理士劉, Cardinal Richelieu, 1585~1642)

○ 대제는 파리에 머무른 지 몇 개월이 지난 뒤에 암스테르담으로 가서 예카테리나와 함께 육로로 생트페테르부르크로 돌아왔으니 때는 1722년 1월이었다. 인민이 그를 더욱 경외하여 이에 '대제(Veliky)'의 존호를 바치고 국부로 칭하였다.

제8장
표트르의 만년

○ 대제는 서유럽을 다시 유람하여 파리의 정취를 감상하고 가는 곳마다 환대를 받았으나 본국으로 돌아온 뒤에 평생의 가장 큰 비극을 연출하였으니 이는 우리가 가장 유감스럽게 생각할 바라고 하겠다.

당시 황자(皇子) 알렉세이는 예브도키야의 소생이었다. 천성이 방자하고 나태하여 항상 파렴치한 일을 행하여 도저히 대제국의 제위에 등극할 만한 위세와 명망이 없었다. 어려서부터 구중궁궐에서 자라면서 오로지 부인에게만 교육을 받았기에 보수적인 정신만 받아들여 항상 대제의 개혁 사업을 반대하면서 걸핏하면 불만의 뜻을 드러내곤 하였다.

그러나 대제는 개혁을 단행하는 것을 멈추지 않아서 러시아의 문물이 일신하기에 이르렀다. 이에 알렉세이의 번민과 분노는 더욱 커져서 이내 사람들을 향하여 공언하였다.

"아바마마께서 만일 돌아가시거든 나는 즉위하자마자 아바마마의 사업을 모두 철폐하고 모든 일에 관하여 과거 러시아의 정수를 보존하리라."

대제가 이를 듣고 매우 놀라며 슬퍼하기를 마치 오장육부가 마디마디 끊어지는 듯하고 옷소매가 마를 날이 없을 정도였다. 거의 자지도 못하고 먹지도 못할 정도의 나날을 보내던 대제는 과감한 결단을 내려서 결국 극단적인 생각에 이르렀다.

'하늘이 내린 나의 사업이 공연히 알렉세이로 인해 파멸하게 되는 것보다는 차라리 그를 폐위하고 다른 적당한 계승자를 구하는 것이 낫겠다.'

곧 칙령을 발하여 다음과 같이 선포하였다.

"이제부터 제위를 계승할 자는 장남으로만 한정할 것이 아니요, 오직 황제가 좋아하는 자로서 이를 담당하게 한다."

그러나 대제는 오히려 가슴속에 슬픈 생각을 버릴 수 없어서 다시 알렉세이를 설득하고자 했다.

"너는 나의 위대한 업적을 잇고자 하느냐, 아니면 수도승이 되고자 하느냐. 둘 중 하나를 택하거라."

알렉세이는 냉정하게 답했다.

"수도승이 되기를 원합니다."

○ 이런 불쾌한 대답이 곧 대제로 하여금 표연히 서유럽 만유를 생각하게 하였으니, 이는 대제가 여러 명승고적을 탐방하면서 우울과 번민을 잊어버리고자 함이었다. 이에 알렉세이에게 명하여 암스테르담에서 만나기로 약속하였으나 알렉세이는 오지 않고 이탈리아로 가버렸다.

그러나 대제는 그를 차마 먼 곳에 내버려두지 못하고 이내 사자를 이탈리아로 보내어 명령을 전했다.

"네가 만일 마음을 고쳐 아비의 명을 들으면 황제가 될 것이다.

너는 어떻게 생각하느냐?"

오호라! 외로운 나그네가 천 리 먼 곳에 있으면서 지금 이 슬픈 소리를 듣고도 알렉세이는 여전히 조금도 기뻐하지 않고 사자와 더불어 모스크바로 함께 돌아갔으니, 감옥의 문이 이미 열린 채로 그를 기다리고 있을 줄을 어찌 알았겠는가.

○ 이에 대제는 스스로에게 말하였다.

"그는 나에 대해서 저렇게 불손하고 또 내가 제위를 포기하여도 돌아보지도 않을 것 같으니 혹 간교한 자의 음모에 가담하여 나를 시해하려는 나쁜 뜻을 품은 것은 아닌가. 만일 그러하다면 이는 국가의 큰일이니 조금도 유예할 수 없다."

그래서 그를 감옥에 가두어 심하게 꾸짖고 고문하여 사실을 털어놓도록 하였다. 그러나 완강한 알렉세이는 이에 응하는 기색이 없었다. 황태자비와 예카테리나 황후는 함께 눈물을 흘리면서 그에게 사실을 밝힐 것을 권했지만 이에 대해서도 응답하지 않았다.

이렇게 시간은 빠르게 흘러 5개월이 지났다. 이에 대제는 그를 더욱 수상하게 여기어 결국 군사재판소로 인계하여 사형을 선고토록 하였다. 그러나 알렉세이는 사형 집행 하루 전에 옥중에서 병으로 죽었다. 혹은 그가 누군가에게 독살을 당하였다고 하니 후에 대제는 그 혐의자를 체포하여 독살하였다. 또한 알렉세이의 모후 예브도키야의 친족들을 사형에 처하고도 대제는 분노가 오히려 사그라들지 아니하여 알렉세이의 아들인 표트르[187]를 황제 후계자에서 배제하였다. 그러나 예카테리나의 아들은 모두 죽었으므로 다시 황손 표트르를 황태자로 삼으니 그가 곧 표트르 2세가 되었다.

○ 대제는 만년에 이르러도 오히려 내정을 개혁하며 외교를 진작하여 국가의 위세를 온 세상에 크게 선양하였다. 과거에 대제는 볼가강[188]에서부터 돈강에 이르는 곳곳의 장소에 역참을 설치하고 돈강 하구에는 타간로그[189]를 건립하여 이곳을 남쪽의 여러 나라와 교통하는 중심지로 삼아 남쪽 지역을 집어삼킬 준비를 시작하였다.

그러나 1711년에 오스만과 평화조약을 체결한 까닭에 타간로그와 아조프해 인근의 지방은 오스만으로부터 할양받을 수 없었으므로 이에 캅카스 산맥[190] 서부를 경유하여 페르시아[191], 인도와 통하고자 하였으나 길을 얻지 못하고 그 방향을 다시 전환하여 동쪽으로 눈을 돌렸다. 카스피해[192]의 서안에 위치한 히바칸국[193]과 교류를 맺고자 하였는데, 겉으로는 친목의 뜻을 드러냈지만 사실 속으로는 이를 병탄할 마음을 품고서 이 나라에 사신을 파견하였으나 그 은밀한 계책을 성사시키지는 못하였다. 그러나 표트르 대제가 인도와의 무역을 시작하고자 하는 야심은 부쩍 억누를 수 없어서 페르시아에 사신을 파견하여 그 오랜 열망을 실현하기 시작하였

---

187) 표트르(彼得. Peter II Alexeyevich, 1715~1730)
188) 볼가강(窩爾牙河, Volga River)
189) 타간로그(多賀緣府, Taganrog)
190) 캅카스 산맥(高加索山, Cocasus Moutains)
191) 페르시아(波斯, Persia)
192) 카스피해(裏海, Caspian Sea)
193) 히바칸국(敬波國, Khiva): 정확하게는 카스피해 서쪽이 아니라 동쪽이다.

다. 당시 페르시아는 오스만과 아프가니스탄[194] 등의 이웃 나라들이 번번이 침입하여 나라의 형세가 계란을 쌓은 듯이 불안한 상황이었기에 이러한 갈망을 실현하기에는 좋은 기회였다. 이에 그 나라의 내정을 간섭하기 시작하였으며, 이웃 나라와의 관계를 돈독하게 한다는 명목으로 5만의 원군을 페르시아로 보내어 성을 공격하고 땅을 약탈하며 카스피아해 주변의 페르시아령 3개 주를 점령하였다.

그 후에 아프간인들이 페르시아에 침입하여 그 황제를 마음대로 폐위시키고 또 옹립하면서 국정을 좌지우지하였다. 러시아는 이를 빌미로 삼아 나라를 집어삼킬 좋은 기회를 얻었다고 여기고 병력을 파견하여 폐위된 황제를 도와 복위시켜준다는 것을 명분으로 삼고는 불과 1~2년 안에 카스피해 남서쪽의 풍요로운 몇 개 주를 집어삼켰다.

이때 레즈긴[195]이라 하는 다게스탄[196] 지역의 야만족이 봉기하여 러시아 황제가 동쪽으로 침략할 길을 가로막았다. 처음에 레즈긴인들은 페르시아를 습격하여 아프간인들이 세운 황제를 끌어내리고서 그 제위를 찬탈하였으며, 이후로는 그 예봉을 서쪽으로 돌리는 동시에 페르시아 내에서 오스만인들을 몰아내고 러시아를 습격하니 이는 동방에서 표트르 대제가 만난 첫 번째 강적이었다. 표트

---

194) 아프가니스탄(阿富汗, Afganistan)
195) 레즈긴(那西留, Lezgin)
196) 다게스탄(古夫參, Dagestan)

르는 아시아에 머무르면서 침달했던 땅들을 이로 인해 잃게 되었으니, 대제가 붕어한 후에 러시아인들은 조약을 통하여 페르시아령을 사들였다.

○ 초창기에 대제는 의회와 원로원을 설치하고 내정과 외교에서도 모두 여론에 따라 그 제도를 세웠다. 또한 나라 안의 통상과 교역을 융성케 하려면 먼저 해운업을 장려해야 한다며 이에 다수의 청년을 여러 나라로 유학 보내어 항해술을 연습하게 하였다. 당시에는 농업이 진보하지 못하여 농부들은 태반이나 돈이 되지 않는 것에 힘을 쓰니 대제는 이를 크게 개탄하며 수백 명의 농부를 여러 나라에 파견하여 농업을 연구하게 하였다. 또한 당시의 풍속을 교정하여 의식주 전반에서 서유럽을 모방케 하였다.

○ 당시에는 전쟁 직후의 여파로 인해 직업이 없는 백성들이 많았으므로, 대제는 각처에 직업장을 세우고 그들에게 각기 적당한 직업을 배우게 하였다. 또한 가난한 노인과 어린이를 위하여 주요 도시마다 양육원을 세우고 나랏돈으로 이를 보조케 하였다. 그리고 전국에 명하여 호적을 정밀하게 조사하였으며, 관리 중에 뇌물을 받은 자가 있으면 즉시 파면하여 내쫓는 한편 정직한 자에게는 각기 포상을 주었다.

○ 대제는 또한 미술에도 주의를 기울여 2~3명의 공학사를 프랑스로 파견하여 건축술을 연구하게 하였다. 그리하여 크고 화려한 예

배당을 건설하여 새 수도를 장식하고, 광대한 네브스키 수도원[197]을 짓고서 유명한 알렉산드르 네브스키[198]의 묘를 이곳으로 이장하고 성전으로 삼아 미사를 지냈다.

○ 대제는 여가를 이용하여 연회를 열고 조정과 민간의 여러 인사들을 초청하여 환담하곤 하였다. 하루는 성대한 연회를 베풀고 몽플뢰지르[199]에 모여 우연히 선제 알렉세이와 자신의 일에 대한 대화를 나누게 되었다.

대제가 이내 일어서서 물었다.

"선제와 짐 중에 누가 더 뛰어난가?"

이반 무신푸시킨[200]이 대답하였다.

"폐하의 위업을 어찌 능가할 수 있겠습니까."

대제가 이를 듣고 격노하면서 말하였다.

---

[197] 네브스키 수도원(內烏斯基修道院, Alexander Nevsky Monastary)

[198] 알렉산드르 네브스키(亞歷山大內烏斯基, Alexander Nevsky, 1221~1263): 노브고로드 공국을 외국의 침략으로부터 지켜낸 인물로, 훗날 블라디미르 대공으로 불리게 되었다.

[199] 몽플뢰지르(月鄕雲客堂, Mon Plaisir): 표트르 대제의 궁전인 Peterhof에 세워진 파빌리온의 이름으로, 프랑스어로 '나의 기쁨'이라는 뜻을 담고 있다. 월향운객(月鄕雲客)이란 『헤이케 모노가타리』를 비롯하여 일본 고전문학에서 종종 등장하는 표현으로 대신이나 황족과 같이 높은 신분을 가진 사람들을 뜻한다. 즉 원문의 '월향운객당'이란 고위 관료나 황족들을 위한 장소쯤으로 해석할 수 있을 것인데, 이 일화의 출처에 따르면 해당 장소는 Mon Plaisir로 보는 것이 적절하다. 여기에서는 월향운객당이라는 표현을 그대로 살리더라도 한국 독자의 입장에서는 이해하기 어렵다고 판단하여 몽플뢰지르로 고쳐서 적었다.

[200] 이반 무신푸시킨(無信武素金, Ivan Musin-Pushkin, 1667~1739)

"너는 짐의 아비를 비방하고 짐에게 아첨하니, 짐에게 아첨함은 곧 짐을 헐뜯는 것이다. 너는 다시는 말하지 말아라."

이번에는 야코프 돌고루키[201]의 의자를 치며 물었다.

"너는 평생 짐을 엄하게 꾸짖으니 짐은 너를 심히 싫어하나 또한 그 정직함은 사랑하는 고로 감히 묻고자 한다. 선제와 짐 가운데 누가 더 뛰어난가?"

돌고루키가 대답했다.

"원컨대 폐하께서는 다시 자리에 앉으십시오. 신은 잠시 이에 대해 생각해보겠습니다."

대제가 이에 돌아가 앉으니 돌고루키는 긴 수염을 쓰다듬고 웃음을 머금은 채 말했다.

"신 역시 무신푸시킨의 생각과 같습니다. 폐하에게는 세 가지의 뛰어난 점이 있습니다. 나라를 다스리매 공평하고 바른 이치로써 하시니 이는 선제께서 능히 하지 못하신 바요, 나쁜 관습을 개혁하고 육해군을 완성하시니 이는 선제께서 미치지 못하신 바요, 나라를 개방하여 외교를 왕성하게 하고 문화를 수입하여 국익을 증진케 하시니 이는 폐하께서 선제보다 나은 것입니다."

돌고루키는 말을 마치고 크게 웃었다. 대제는 이에 한마디도 하지 못하고 한참을 조용히 생각하다가 말하였다.

"너는 진실로 성실한 충신이라. 짐은 지금부터 너의 말을 믿겠노라."

---

201) 야코프 돌고루키(洞爾吳路基, Iakov Fyodorovich Dolgoruky, 1639~1720)

그리고는 즐거움과 기쁨이 극에 달하여 자리에서 일어나 돌고루키에게 입을 맞추니 그 도량의 크고 세련됨이 대개 이와 같았다.

○ 표트르 대제는 아직 나이 쉰을 넘지 않았으니 노인이라 할 수는 없었으나, 지난날의 과로가 그의 건강을 크게 해쳐서 원기가 점점 소모되어 정무를 돌보는 일에도 역시 의욕이 없어지는 지경에 이르렀다. 드디어 결연히 제위를 물려주고 유유자적하며 남은 생을 보내고자 하였으나 황태자 표트르 2세는 아직 나이가 어려서 국정을 맡기 어려웠다. 이에 황후 예카테리나에게 양위하면서 직접 왕관을 들어 황후의 머리 위에 씌워주니 때는 1724년 2월 1일이었다. 이에 원로원의 위원과 의회의 의원 및 기타 여러 귀족과 고위 성직자들은 새로운 황제에게 알현하여 즉위를 축하하였다.

○ 예카테리나 1세가 나랏일을 결정하였으나 감히 독재를 하지는 아니하였으며, 멘시코프를 고문으로 삼고 혹은 의회의 협의에 의거하여 국민을 어루만지며 다스리니, 초기에는 예카테리나의 즉위를 반대하던 자들이 후일에는 그 풍조에 감화되어 온전히 그를 흠모하였다.

하루는 "여황 예카테리나가 음모를 꾸며 그 정부(情夫) 빌렘 몬스[202]와 결탁하여 표트르 대제를 시해하고자 한다"라는 소문이 홀연히 생겨났다. 대제가 크게 노하여 즉시 몬스를 체포하여 단두대

---

[202] 빌렘 몬스(古魯逸克斯, Willem Mons, 1688~1724)

에서 목을 베고 그 머리를 경계 삼아 예카테리나에게 보여주면서 과연 슬퍼하는지 여부를 시험하니 예카테리나는 의외로 태연자약하여 조금도 얼굴색이 변함이 없었다. 이에 전혀 근거가 없는 소문임을 믿고 다시 이전처럼 애정을 주게 되었다.

○ 이때부터 대제는 항상 병마의 습격을 받게 되어 하루도 안심할 날이 없었다. 그러나 대제는 라도가호[203]에서 준공된 신형 군함을 검열하고자 하였다. 이에 황제의 주치의가 말리는 것도 돌아보지 아니하고 병을 억지로 참아가며 라도가호에 이르러 군함을 타고 먼바다로 나아갔다. 이때 갑자기 검은 구름이 사방에서 몰려들며 거센 바람이 홀연 일어나 거대한 파도에 배가 거의 전복될 뻔하였다.

사람들 모두가 노력하여 배를 점점 육지에 접근시킨 뒤 닻을 던져 날씨가 맑아지기를 기다렸다. 그때 병사들을 가득 실은 보트 한 척이 떠내려오다가 거센 파도에 심하게 들썩거리니 그 위험함을 이루 말로 표현할 수 없었다. 보트 위의 사람들이 모두 아연실색했으나 대제는 평생의 호기가 아직도 남아있어 그 보트에 스스로 나아가 그들을 구출하려고 배 위에서 보트를 향해 뛰어들다가 잘못하여 바다에 빠지고 말았다.

이때부터 병은 더욱 심해져서 점점 정신착란을 일으켰다. 크렘린궁에 머무르며 며칠을 괴로워하며 앓더니 슬프도다, 러시아 중흥의 군주이자 천고에 다시 없을 호걸인 표트르 대제가 몇 마디 유언을 남긴 채 세상을 떠나 구천의 객이 되었다. 향년 53세, 때는

---

[203] 라도가호(羅土俄湖, Lake Ladoga)

1725년 1월 28일, 석양은 이미 서산에 기울고 저녁의 까마귀가 소리 내어 울며 수풀 속으로 돌아갈 무렵이었다. 부고가 한번 전해지자 모두가 크게 놀라고 애도함이 마치 부모를 잃은 것과 같았다.

○ 표트르가 서거한 지 어느덧 173년이 흘렀다. 러시아의 부강함은 더욱 증가하여 서쪽으로는 유럽의 여러 나라와 위세를 다투고, 동쪽으로는 아시아에 대해 군침을 흘리면서 점점 집어삼킬 지경에 이르러 당해내기 어려운 세력을 가졌으니, 이는 모두 대제의 유업을 받든 것이다.

오호라! 지금 그 웅대한 혼이 어느 곳에 있는가. 우랄산맥[204] 정상의 달빛 밝은 곳에 있는가, 아무르강[205] 어귀에서 오랑캐의 말이 북풍에 울부짖는 곳에 있는가, 아니면 다롄만[206]의 거센 파도가 해안을 깨뜨리는 곳에 있는가.

---

204) 우랄산맥(烏拉山, Ural Mountains)
205) 아무르강(黑龍江, Amur River)
206) 다롄만(大連灣, Dalian Bay)

제9장
표트르 대제의 인물됨

○ 초창기에 표트르 대제가 제위에 오를 때, 안으로는 형제가 서로 다투며 바깥으로는 열강이 영토를 침범하고 이에 더하여 권력을 지닌 신하들이 멋대로 날뛰며 간사한 장군들이 거침없이 자신의 세력을 과시하니 나라의 형세가 위급함이 마치 계란을 쌓아 올린 것과 같았다.

그러나 표트르 대제는 아직 나어린 몸으로 의연히 그 사이에 우뚝 서서 침착하게 국가의 기초를 세우니 이는 곧 지난날의 화(禍)가 오늘날의 복(福)을 이룸이며, 어제의 패배가 오늘의 승리가 된 것이다. 오호라! 이른바 가슴 속에 천하를 삼키고 내뱉는 호걸이 아니면 어찌 이에 이를 수 있을 것인가. 표트르의 포부는 실로 그 근본이 있다고 할지니 그와 같은 자는 고금을 통틀어 오직 한 사람뿐이라고 하겠다.

○ 표트르 대제는 다양한 면모를 지닌 인물이다. 미워할 만하고, 기릴 만하며, 모방할 만하고, 또 경계할 만한 것들이 심히 많으니 한 방면으로만 관찰해서는 도저히 그 진상을 이해할 수 없을 것이다.

○ 표트르 대제의 어린 시절 교육은 적절하게 이루어지지 못하였기

에 평생 그 흉포한 행동을 고치지 못하였으며, 자신을 새롭게 거듭나도록 하지 못하였다. 그러나 오직 나쁜 술버릇만큼은 후일에 완전히 끊게 될 것이라고 하였다. 또한 대제는 관대하고 인자한 미덕이 있어서 가련한 자들을 위해서는 자신을 내던져 이를 돕고자 하였으며, 남을 가혹하게 부린 것 같지만 자신 또한 그와 같이 가혹하게 일하면서 조금도 그 노고를 싫어하지 않았으니 이는 홀로 그에게서 발견할 수 있는 좋은 점이다.

○ 대제는 동양에서 말하는 바 군자인지라 자신의 화를 남에게 떠넘기지 않았다. 일찍이 고든 장군의 토벌로 사로잡은 적의 우두머리 등이 감옥에서 처형을 기다리고 있을 때, 대제는 옥리에게 명하여 그들을 일일이 끄집어내어 자신의 면전에서 혹은 목을 베고 혹은 태워죽이며 혹은 찢어 죽이고[207] 혹은 산 채로 파묻으며 여러 잔혹하고 흉폭한 형벌을 가하였다. 이때 죄수 중에 '독수리 이반'[208]이라는 자가 단두대 아래에 와서 대제를 돌아보고는 그를 차가운 눈초리로 쳐다보며 주위에 놓인 머리를 발로 걷어차며 말하기를, "내 머리를 이같이 하는 게 무슨 이익이 있는가?"라고 하였다. 열화와 같이 분노하던 대제도 이 냉정한 말을 접하자 그 분노가 부득불

---

[207] 혹은 찢어죽이고: 원문은 車裂以殺, 즉 거열(형)에 처하여 죽였다고 되어 있다.
[208] '독수리' 이반(伊般吳爾路夫, Ivan 'Oryol' or Ivan the Eagle, ?~?): 사토 노부야스본에서는 이반 오룔로프라 하여 마치 이름처럼 소개되어 있지만, 실제로는 '독수리(oryol)'라는 별명을 가진 이반'이다. 정확한 일화는 이 병사가 의연하게 다른 머리를 치우면서 '이곳이 내 머리를 놓을 자리다'라고 말하자 그 언행에 감명을 받은 표트르 대제가 그를 풀어주었다는 것이다.

가라앉아 즉시 이반의 말을 가상하나고 여기고 그를 석방한 뒤에 중용하여 이내 귀족으로 삼았다고 하니 이를 통해 그 인물됨의 한 단면을 또한 볼 수 있을 것이다.

○ 대제는 유럽 2~3개국의 언어에 능통하였는데 그중 네덜란드어에 가장 뛰어났으며 또한 라틴어[209]에도 능한 까닭에 시간이 날 때마다 외국의 서적을 직접 번역하였다. 슈텔린[210]이 이렇게 기록하였다.

표트르 대제는 외과술에 매우 숙련되어 있으며 또한 이를 상당히 좋아하여 상트페테르부르크의 해부장에 자주 나타나 누누이 이를 뽑고 피를 짜내며 수종(水腫) 환자를 치료하는 일이 있었다.

그가 하루는 황녀로 하여금 프랑스어를 읽게 하고 또 이를 번역하게 하여 황녀가 능히 이를 해내면 크게 칭찬하였다.
"황녀여, 너와 같이 어린 자가 책을 이처럼 능히 읽을 수 있으니 실로 너는 행복하도다. 나는 어렸을 때 완전한 교육을 받을 수만 있었다면 가령 손가락 하나를 잃었을지라도 애석하지 않았을 것이다."

---

[209] 라틴어(羅甸語, Latin)
[210] 슈텔린(須達健, Jacob von Staehlin, 1709~1785): 표트르 대제와 관련된 일화를 담은 *Original Anecdotes of Peter the Great*(1788)의 저자이다.

그가 얼마나 학문에 충실하였는지를 또한 알 것이다.

○ 대제는 어려움에도 굴하지 않고 힘써 나아가는 것을 귀하게 여겨서 한번 마음먹은 것은 반드시 실천으로 옮기며 한번 착수한 일은 반드시 완성하였다. 또한 비상한 인내심을 가지고는 있으나 자기의 뜻에 거스르는 것에 대해서는 순간 참지 못하고 반드시 자진하여 모범으로 보임으로써 다른 사람들로 하여금 이를 따르게 하는 것은 그의 좋은 점 중에서도 최고로 꼽을 만한 것이다.

하루는 신하들과 모여 두 손바닥을 사람들에게 보이며 말하였다.
"짐은 경들의 황제이기는 하나 이 두 손바닥은 이처럼 거칠고 단단하다."

이처럼 그는 자신이 직접 일을 경영하는 것의 중요함을 깨우쳤다.

○ 대제는 사업을 이루기 위해서는 그에 몹시 열중하는 버릇이 있었다. 외국인 신하인 뮈니히[211]라 하는 자가 라도가호에 운하를 뚫는 사업에 성공하니 대제는 환희를 이기지 못하여 결국 심한 병을 앓는 중임에도 불구하고 그곳까지 와서 뮈니히를 끌어안으며 "너는 짐의 병을 낫게 하였다" 할 정도였다. 주교 버넷[212]은 이렇게 평론하였다.

---

211) 뮈니히(外臣縣尼夫, Burkhard Christoph von Münnich, 1683~1767)
212) 주교 버넷(監督 發尼得, Bishop Gilbert Burnet, 1643~1715): 스코틀랜드 출신의 역사가이자 종교인이다.

표트르 대제는 실로 피가 들끓기 쉬운 사람이다. 그의 감정은 동물적으로 발생하며 항상 많은 양의 브랜디[213]를 마시며 그 열을 더욱 높게 만들었다. 그의 두뇌는 교육을 받지 아니하여도 스스로 총명하였으며, 그는 기계적으로 노동을 하였으니 이 점으로 보건대 그는 황제보다는 차라리 조선소의 장인이 더 적당하다고 할 만하다.

○ 대제는 임종 시에 유훈(遺訓)을 자손에게 남겨 그 뜻을 잇게 하였으니, 그의 유훈을 보면 그의 사상과 정신이 담겨 있음을 알 것이다. 그 대강은 아래와 같다.

제1관. 우리 러시아의 인민은 항상 전쟁에 나가는 것과 같은 마음을 가져야 한다. 병사들은 항상 갑옷을 입은 채 경계를 게을리하지 말 것이며 정예병을 양성하고 용기를 저축해두었다가 기회를 잘 보아서 침략을 시도하라. 비록 평시라도 군비를 줄이는 것은 절대 불가하다. 이는 실로 러시아가 타국을 병탄하여 강대함을 얻는 수단이다.

제2관. 우리 러시아는 전시에는 유능한 장교를 서유럽에서 초빙하고 평시에는 학자들을 고용하여 인민을 교육하라. 다른 나라의 인민들이 누리는 이익을 러시아 인민들만 누리지 못하는 일은 없게 하라. 단 외국인을 초빙할 때를 당해서는 추호라도 자국 인민

---

213) 브랜디(섁란듸, brandy)

의 자존 정신을 잃지 않도록 하라.

제3관. 유럽에서 갈등의 기미가 보이거든 각종 구실을 들어 간섭하라. 그중 독일[214]은 우리의 옆 나라로 직접적인 이해관계가 있으니, 그 나라에서 이상 사태가 발생했을 때는 반드시 전력을 다하여 간섭해야 한다.

제4관. 폴란드에 대해서는 내란을 선동하거나, 혹은 뇌물을 보내어 그 귀족들의 환심을 사고, 혹은 러시아군을 폴란드 땅에 주둔케 하여 그들을 보호하라. 만일 다른 나라 중에서 폴란드를 장애물로 여기는 나라가 있거든 잠시 그들에게 폴란드의 영토를 할양하여 달래고 때를 기다려 폴란드의 전 영토를 점령할 계획을 강구하라.

제5관. 고심으로 경영하여 스웨덴을 잠식하되 만일 그들이 분노하여 전쟁을 선포하면 우리는 그들을 정복할 구실을 얻는 셈이다. 스웨덴을 병탄한 후에는 덴마크를 침략하되, 스웨덴-덴마크 두 나라로 하여금 항상 서로 적대시하고 알력을 일으키게 하라.

제6관. 러시아의 여러 친왕(親王)의 비빈(妃嬪)은 항상 독일의 내친왕[215] 가운데 선택하여 결혼하고 친족의 관계를 통해 이해관계를 밀접하게 하여 우리의 입장을 독일 국내에 널리 퍼뜨리고 그들로 하여금 우리를 따르는 무리가 되게 하라.

---

214) 독일(日耳曼, German)
215) 친왕(親王)과 내친왕(內親王): 이는 노부야스가 일본식 직제로 번안하는 과정에서 나온 표현이다. 천황의 자녀들 가운데 친왕의 선하(宣下)를 받은 사람들을 지칭하는데 남자의 경우는 친왕, 여자의 경우는 내친왕이라 부른다. 제6관의 내용은 러시아의 차레비치들을 독일의 왕녀 격에 해당하는 여성들과 결혼시켜 친족 관계를 맺으라는 이야기다.

제7관. 영국은 그 해군과 무역이 우리의 문화를 돕는 것들이니 그들과의 통상 관계와 동맹을 최우선시하라. 우리의 목재 및 기타 산물로 그들의 금화를 벌어들이고 또한 우리의 상인과 뱃사람들로 하여금 영국의 상인 및 뱃사람들과 교류하게 하여 그 친밀함을 나날이 도모하면 우리의 무역과 항해, 그리고 해군의 진보에 큰 이익이 있을 것이다.

제8관. 너희들은 마땅히 발트해 연안의 판도를 북방으로 확장하고 또한 홍해 연안의 영토를 남방으로 확장하라.

제9관. 우리 러시아 영토를 콘스탄티노플 및 그 인근 지역에 매우 가깝게 하라. 대개 제국의 수도를 그곳으로 정하는 경우에는 세계의 제왕이 될 수 있다. 혹은 오스만과 싸우고 혹은 페르시아와 싸워서 날로 전쟁을 일으켜 조금도 이완됨이 없게 하라. 해군을 흑해로 확장하여 점차 모든 해역을 장악하고 발트해를 점령하면 이는 콘스탄티노플에 중심을 둔 채 세계를 제패하는 제1단계가 될 것이다. 또한 페르시아를 쇠약하게 하여 그 항만을 점령하고 시리아[216]를 경유하여 레반트[217]에서 예전부터 해오던 통상무역을 회복한 뒤 인도에 침입하라. 인도는 세계의 보물창고이니 너희들이 그곳에 도달하기만 하면 영국과 같이 돈을 쓰거나 피를 흘리지 않고도 그들을 병탄할 수 있을 것이다.

---

216) 시리아(西利亞, Syria)
217) 레반트(來般多, Levant): 오늘날의 팔레스타인과 시리아, 요르단 일대를 지칭한다.

제10관. 오스트리아와 동맹을 맺어 신중하게 지켜나가다가 만일 오스트리아가 독일을 다스리고자 하거든 앞에서는 이를 찬성하되 뒤에서는 주변 나라들을 선동하여 오스트리아를 증오하도록 도모하라. 항상 독일의 여러 지방으로 하여금 우리에게 구원을 요청하게 하라. 우리는 불패의 땅에 서서 여러 나라를 보호하고 오스트리아를 굴종시킬 계책을 펴야 한다.

제11관. 오스트리아를 은혜로써 속이고 그로 하여금 오스만을 유럽에서 배척하는 동맹을 맺게 하라. 그들을 끌어들이는 것은 콘스탄티노플에서 약탈한 것을 그들에게 나누어주기로 하거나 혹은 그들이 원하는 대로 유럽의 다른 나라들과 전쟁하는 것을 약속하는 것으로써 하되, 그렇지 않은 경우에는 훗날 회복할 수 있을 만한 점령지를 그들에게 일시적으로 양도할 것이다.

제12관. 너희들은 헝가리[218]와 오스만 남부와 페르시아 등에 있는 이슬람의 분리파 신도들과 러시아의 그리스 정교회 교도들을 회유하여 마땅히 그들로 하여금 너희들의 주변에 모여들게 하여 너희가 그 종교의 중심이 되게 하라. 그리하여 왕정으로 종교 사회를 세우고 또한 귀족 사회를 세워서 아랫사람들을 복속시키는 기초를 세우는 것이 좋다. 또 슬라브인[219] 교도들을 이용하여 적국의 내부에 풀어놓아 그들의 사정을 먼저 파악하는 간첩으로 써라.

제13관. 스웨덴을 분할하고 페르시아를 정복하며 오스만을 합병

---

218) 헝가리(匈加里, Hungary)
219) 슬라브인(수라우오닉크, Slavonic)

하고 폴란드를 삼켜라. 우리의 육군을 합하고 해군으로 흑해와 발트해를 지키며 은밀히 병마를 양성하여 서서히 시기를 살펴 프랑스와 오스트리아의 정부에 먼저 세계를 둘로 나누어 갖자는 계책을 권하라. 두 나라가 만일 이를 따르거든 이들의 야심과 오만을 도발하여 그들로 하여금 다른 나라들을 쳐 없애게 만든 연후에 너희들은 군을 일으켜 프랑스와 오스트리아 두 나라를 토벌하면 러시아가 세계를 집어삼킬 수 있으리라는 것에 대해 의심할 바가 없을 것이다.

제14관. 만일 프랑스와 오스트리아 두 나라에서 우리의 뜻을 거절하거든 러시아는 두 나라 사이에 알력이 발생하여 전쟁을 일으키도록 술책을 부려라. 서로 싸우면서 그 힘을 소모하게 한 후에 우리는 기회를 잘 타서 육군으로 독일을 공격하고 다른 한편으로는 두 개 함대를 준비하여 하나는 아조프해로, 다른 하나는 아르한겔스크항으로 향하여 아시아의 야만족들을 태운 뒤 흑해와 발트해의 군함으로 이를 호위하며 지중해와 대서양으로 진행하면 그 의도를 드러내지 않고서 프랑스를 기습하는 것이 가능하다. 이 두 대국을 공략하여 승리를 얻으면 유럽 각국은 전쟁을 하지 않고도 손쉽게 우리의 무릎 아래 복종하도록 할 수 있을 것이다.

제15관. 이러한 계책을 통하여 전 유럽을 공략할 수 있으니 이를 행하지 않는 것은 또한 불가한 일이다.

표트르의 유지는 일세에 높으며 그 호기는 세상을 삼킬 만한 까닭에 이와 같은 유훈을 내려서 러시아의 주의와 정신을 정하였다. 훗날 러시아가 세계에서 견줄 바 없는 강국을 세워 그 위세를 떨치게 된 까닭은 그야말로 표트르 대제의 유훈에서 비롯된 것이다. 오호라! 영웅의 가슴 속에는 비현실적인 논의가 없고, 영웅의 눈 속에는 그릇된 계책이 없으니 표트르 대제의 이러한 수단들은 위무제[220]와 나폴레옹[221]에 비견할 만하다고 하겠다.

---

[220] 위무제(魏武帝, 155~220): 후한말의 대표적인 군웅이자 위(魏)를 건국한 조조를 일컫는다. 무제(武帝)는 그의 아들 조비가 황위에 오른 뒤에 추증한 시호(諡號)이다.
[221] 나폴레옹(拿坡崙, Napoléon Bonaparte, 1769~1821)

해설

성피득대제전
: 러시아의 중흥을 이끌었던 영웅 표트르 대제 전기

박성호

『성피득대제전』(聖彼得大帝傳)은 김연창의 번역으로 1908년 광학서포(廣學書舖)에서 발행되었다. 이 책은 사토 노부야스의 『彼得大帝』(1900)을 사실상 직역에 가깝게 번역한 것으로, 김연창 이전에도 이미 『공수학보』나 『대한학회월보』를 통해서 번역이 시도된 바 있었다. 다만 이들 번역은 갑작스럽게 중단되었으므로, 완역본은 김연창의 『성피득대제전』이 유일하다고 하겠다.[1]

김연창은 사토 노부야스의 책을 거의 직역에 가깝게 번역했지만, 막상 사토는 자신이 참고했다고 하는 *Peter the Great*를 거의 창작에 가까울 정도로 바꾸어 번역했다는 점에 유의할 필요가 있다.

---

[1] 『성피득대제전』의 저본과 번역 경로 등에 대해서는 손성준의 『중역한 영웅: 근대 전환기 한국의 서구영웅전 수용』(소명출판, 2023)을 통하여 상세하게 밝혀진 바 있다. 본 해제에서의 번역 경로 역시 해당 연구를 주로 참고하였음을 밝혀둔다.

그는 서문에서 발리셰브스키의 책뿐만 아니라 영국의 '마로(馬老)'와 '타이건(陀爾健)'을 비롯한 몇몇 책을 참고했다고 하였다. '마로'는 존 배로(Jone Barrow)의 *Life of Peter The Great*(1896)이다. '타이건'은 헨리 둘컨(Henry W. Dulcken)의 『세계의 위인들(*Worthies of the World*)』 중 표트르 대제 항목을 참고한 것으로 보인다. 다만 이 둘 외에도 다른 책들을 참고했음을 스스로도 밝히고 있으며, 실제로도 언급되지 않은 다양한 자료들이 활용된 점을 감안하면 이 책을 정확하게 이해하기 위해서는 다양한 자료들을 참고할 필요가 있다고 하겠다.

상술했듯이 『피득대제』는 발리셰브스키의 저본에 상당한 수준의 개역을 가한 책이다. 아니, 개역이라기보다는 창작에 가까울 정도다. 심지어는 발리셰브스키의 서술보다도 다른 책에서 등장하는 서술들을 전면에 내세운 흔적이 짙다. 예컨대 표트르가 배를 건조하는 과정에서 모친과 편지를 주고 받은 이야기라든가, 항해 중 풍랑을 만나 선원 '안티프'의 도움으로 간신히 기항한 뒤 이를 기념하여 십자가를 세운 이야기 등은 위의 책에서는 나오지 않는 화소들이기 때문이다. 이들 이야기 중 상당수는 유진 셔일러(Eugene Schuyler)나 야콥 슈텔린(Jacob Staehlin)의 저술에서 확인되는 것들이다.

때로는 발리셰브스키의 서술과 대결한 흔적조차도 엿보인다. 발리셰브스키는 표트르 대제와 관련된, 특히 그의 용기나 냉정함을 강조하는 종류의 일화들 가운데 상당수는 거짓이거나 과장된 것이라고 주장했으며, 그의 느린 성장이나 비겁한 일면, 충동적인 성격 등을 지적하는 데 상당히 적극적이었다. 그러나 사토는 표트르 대제가 어려서부터 영민하고 굳세었으며 어떤 위기에도 굴하지 않은 채 냉정하고 과감한 판단을 내려 행동하는 인물이었음을 보여주는 다양한 일화들을 채택했다. 발리셰브스키의 저본 대비 상당히 축약된 분량의 서술을 했음에도 정작 그가 배제하거나 축약했던 일화들은 다수 채용하였으며, 때로는 전재에 가까운 수준의 상세한 번역을 수행하기조차 했다.

사토 노부야스는 왜 이런 대대적인 개역(改譯)을 택했을까. 무엇보다도 발리셰브스키와는 표트르 대제를 바라보는 시선 자체가 다른 까닭이었다고 본다. 발리셰브스키는 표트르 대제에 대한 비판적인 입장을 취했으며, 그의 비범함과 관련된 다양한 일화들에 대해서도 그 진위 여부에 대해 회의적인 관점을 유지했다. 반면 사토 노부야스는 표트르 대제가 지닌 비범한 면모를 부각시키는 데 적잖은 공을 들였으며, 이를 통해 영웅으로서의 표트르 대제를 재현하는 데 힘을 기울였다. 그런 까닭에 발리셰브스키가 채택하지 않은 상당수의 일화들을 되살려서 『피득대제』에 반영하기조차 했다.

다만 그렇다고 해서 사토 노부야스가 표트르 대제를 한없이 긍정적인 영웅으로 바라보고 재현하고자 했던 것은 아니다. 만일 그랬다면 발리셰브스키는 아예 번역의 대상조차 되지 못했을 가능성이 크다. 당시 일본의 상황과 일-러 관계 등을 감안하면 표트르 대제는 상찬받을 영웅임과 동시에 경계 대상으로서의 강국인 당시의 러시아를 만들어낸 문제적 인물이기도 하다. 이러한 복잡한 사정이 『피득대제』 속에 녹아든 것이 아닐까 한다. 이미 발리셰브스키 자신이 위서(僞書)라고 판단하여 그 내용을 기록조차 하지 않은

『표트르 대제의 유훈(遺勳)』을 굳이 전재(全載)에 가깝게 번역하여 담은 것만 보더라도 그렇다. 손성준의 지적처럼 이 유훈은 이미 19세기 후반에 일본에도 소개된 상태였고, 그 맥락 역시 표트르의 비범함보다는 러시아에 대한 경계심을 강화하는 데 맞닿아 있었기 때문이다.

이를 단적으로 드러내는 것이 마지막 문장이다. 사토 노부야스는 표트르 대제를 위나라 무제, 즉 조조(曹操)에 비견된다고 평가한다. 유비의 촉한(蜀漢)에 많은 비중을 두었던 『삼국지연의』의 관점에서 본다면, 조조는 문무를 겸비한 뛰어난 군주이자 개혁가이지만, 다른 한편으로는 경계와 대결의 대상이기도 하다. 하지만 일본이 『삼국지연의』를 수용했던 관점에서의 조조는 중국에서와 같은 촉한정통론의 관점에 구애받지 않았다는 점도 감안해야겠다. 즉 일본에서의 조조란 유비에 대응하는 악역이라는 이미지보다는 뛰어난 군략과 정치력을 바탕으로 위나라의 기틀을 다진 영웅의 이미지에 가까웠다는 것이다.

사토 노부야스가 표트르 대제를 평가하는 관점에서 나폴레옹과 더불어 조조를 거론했던 것도 비슷한 관점은 아니었을까. 조조에 비견될 만큼 냉혹하면서도 유능한 영웅으로서의 표트르 대제를 만들어내기 위해 노부야스는 발리셰예프가 적극적으로 배제한 다수의 일화들을 다시 소환해가면서 대대적인 개역을 시도했던 셈이다. 물론 노부야스의 정확한 기획이 무엇이었는지에 대해서는 추가적인 연구를 요하는 부분이라 하겠지만 말이다.

그렇다면 김연창을 비롯한 당대 한국 식자층들의 시선은 어떠

했을까. 1908년이면 러일전쟁은 이미 지나간 뒤이며, 러시아보다는 일본에 의한 침탈이 실재적 위협이던 시기다. 과거 러시아의 위협이었던 스웨덴이나 오스만 등을 물리치고 위축되었던 러시아를 유럽의 강국으로 끌어올린 영웅의 서사란 이런 시대에 호명하기에 더없이 적절한 것이었다. 김연창은 번역 과정에서 사토 노부야스의 서술 몇몇을 축약하거나 삭제했지만, 위나라의 조조에 비견된다는 평가는 그대로 남겨두었다. 『삼국지연의』의 관점에서 난세의 간웅이란 상찬과 경계의 대상이었다고 한다면, 김연창에게는 그러한 간웅이라도 탄생해야 지금의 위기를 극복할 수 있으리라는 절박함이 밑바탕에 깔려 있었던 것은 아닐까.

이 책은 기본적으로는 『성피득대제전』의 현대어 번역을 목적으로 하지만, 책에 대한 정확한 이해를 위해서 필요한 경우 사토 노부야스와 김연창의 차이, 나아가서는 발리셰브스키와의 차이 등을 설명하였다. 또한 오역에 대해서도 김연창이 잘못 옮긴 경우와 사토 노부야스가 잘못된 내용을 적은 경우를 구분하였다.

또한 정확한 인명 및 지명, 사건 등을 밝혀 적기 위해 사토 노부야스의 『彼得大帝』와 그 저본인 발리셰브스키의 *Peter The Great*를 비롯, 상술한 셔일러나 배로, 슈텔린 등 18~19세기경 출간되었던 여타의 표트르 대제 전기들도 참고하였음을 밝힌다. 사토 노부야스가 서술한 내용 가운데 상당수는 발리셰브스키의 저술에서는 간략화되어 있거나 혹은 아예 빠져 있는 만큼, 이러한 교차 검증을 통해서 정확한 내용과 출처를 밝히는 것이 필요하다고 판단했기 때문이다.

영인자료

彼得大帝

여기서부터는 영인본을 인쇄한 부분으로 맨 뒷 페이지부터 보십시오.

新小說鬢上雪　　　　　　　全一冊定價金三十錢
地球槩論　　　　　　　　　全一冊定價金十錢
二十世紀新帝國主義　　　　全一冊定價金十五錢
之大捲劇
大韓新地志　　　　　　　　全二冊定價金一圜
彼得大帝傳　　　　　　　　全一冊定價金二十錢
小說敎育世鍾　　　　　　　全一冊定價金十五錢
宗敎
찬미가　　　　　　　　　　全一冊定價金二錢五里

發行兼發賣元
皇城中部布屛下三十七統六戶廣學書舖金相萬

諸國哥利米亞戰史 英法露土 俞吉濬氏譯述 全一冊定價金五十錢

普魯士國厚禮斗益大王七年戰史 仝氏譯述 全一冊定價金三十錢

富國養鷄新論 全壹 全一冊定價金三十五錢

獨習日語正則 半洋裝 全一冊定價金一圓

乙支文德 寫眞並附 國漢文 全一冊定價金三十五錢

世界三怪物 全一冊定價金二十錢

新小說血淚 國文 全一冊定價金十二錢

愛國夫人傳 寫眞並附 國文 全一冊定價金十五錢

乙支文德傳 附寫眞 國文 張志淵氏著 全一冊定價金十五錢

新訂算術 全三冊定價金六十錢

家庭雜誌 自一月一号至七号發刊 每月一回 每号一冊定價金十錢

夢見諸葛亮 三冊附寫眞 全一冊定價金五十錢

耳談續纂 全一冊定價金十錢

最近新刊書籍發售廣告

女子讀本 張志淵 氏著 　全二冊定價金六十錢
初等倫理學敎科書 　全一冊定價金二十錢
初等衛生學敎科書 　全一冊定價金十五錢
初等大韓地誌 　全一冊定價金二十錢
初等本國歷史 　全一冊定價金二十錢
初等小學修身書 　全一冊定價金二十五錢
國家學綱領 　全一冊定價金十五錢
中等萬國新地志 　全一冊定價金一圜
新撰理化學 　全二冊定價金三十錢
國民須知 　全一冊定價金八錢
增修無寃錄大全國漢文 　全一冊定價金七十五錢
伊太利建國三傑傳 　全一冊定價金三十錢
小學漢文讀本 　全二冊定價金六十錢

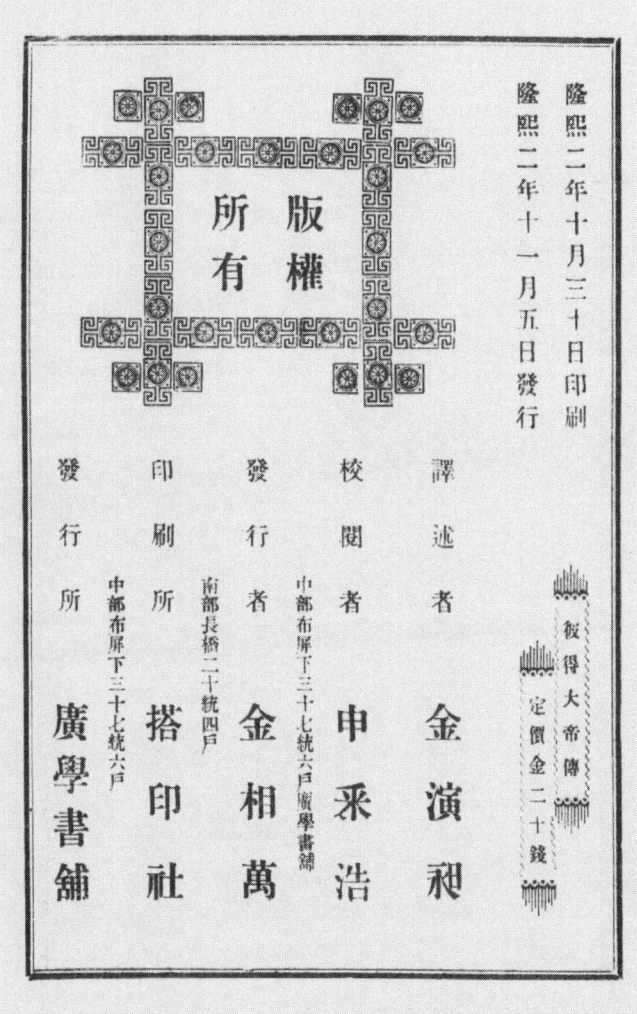

聖彼得大帝傳 82

坡崙의 匹儔間에 在ᄒᆞ다 ᄒᆞ리로다

聖彼得大帝傳終

第十四欵 若佛墺両國에셔 我國의 議를 拒絕ᄒ거든 露國은 両國間에 軋轢이 生케 ᄒ야 戰鬪를 起ᄒᄂᆫ 術策을 施ᄒ야 互相呑噬ᄒ야 其資力이 竭케 혼後에 我ᄂᆫ 機會를 善乘ᄒ야 陸軍을 擧ᄒ야 日耳曼을 攻擊ᄒ고 一面으로 二大艦隊를 鐵裝ᄒ야 一은 亞束海로 向ᄒ고 一은 亞茶寧爾港으로 向ᄒ야 地中海와 大西洋으로 進行ᄒ야 出其不意ᄒ야 佛的海의 軍艦으로 此擁護ᄒ야 亞細亞의 番人을 搭乘ᄒ고 黑海와 波羅國을 襲擊ᄒ이 可ᄒ니 此二大國을 經略ᄒ야 勝利를 得ᄒ면 歐洲各國은 干戈를 不用ᄒ고도 容易히 我膝下에 服從ᄒᄂᆫ 事를 得ᄒ리라
第十五欵 此等의 籌策에 由ᄒ야ᄡ 全歐를 經略홈이 可ᄒ니 此를 經營치 아니홈은 亦不可ᄒ니라

彼得의 雄志ᄂᆫ 一世에 高ᄒ고 豪氣가 宇宙를 呑吐ᄒᄂᆫ 故로 此遺訓을 下ᄒ야ᄡ 勢位를 擴主義와 精神을 定ᄒ엿스니 後來에 露國이 宇內에 無雙혼 強國을 建立ᄒ야ᄡ 露國의 ᄒᄂᆫ 所以ᄂᆫ 實노 彼得大帝의 遺訓으로 由ᄒ이니 嗚呼ㅣ라 英雄의 胸中에ᄂᆫ 空論이 無 ᄒ고 英雄의 眼中에ᄂᆫ 誤策이 無ᄒᄂ니 彼得大帝의 這般手段은 魏武帝에 不讓ᄒ고 事

기로 ㅎ고 或 彼의 欲爲ㅎ는 歐地舊國과 戰爭홈을 約홈으로 도써ㅎ되 不然호 境遇에는 他日에 恢復홀만호 侵地를 彼에게 一時附與ㅎ지니라

第十二欵 汝等은 匈加里와 土耳其南과 波蘭等에는 異敎分離의 信徒와 露國의 希臘敎徒를 懷柔ㅎ야 닷당히 彼等으로ㅎ여 宗敎社會에 立ㅎ며 又閥族社會를 立ㅎ야써 敎徒의 中心을 作케ㅎ고 드듸여 王政으로써 宗敎社會의 周邊에 集合ㅎ야 汝等의 希ㅎ야써 配下를 服屬케ㅎ는 悲를 設홈이 可ㅎ니라 또 수라 우닉크 敎徒를 利用ㅎ야 此로써 譬敵의 間에 放ㅎ야써 敵情을 先知ㅎ는 間諜을 作ㅎ라

第十三欵 瑞典을 割ㅎ며 波斯를 征ㅎ며 土耳其를 倂ㅎ고 波蘭을 呑ㅎ야 我의 陸軍을 合ㅎ고 海軍으로써 黑海와 波羅的海를 擁護ㅎ고 隱然히 兵馬를 養ㅎ야 徐徐히 時機를 窺ㅎ야 佛墺의 朝廷에 先向ㅎ야 世界를 二分ㅎ야 此를 倂呑홀 計策으로 兩國이 만일 此議를 從ㅎ거든 兩國의 野心과 傲慢을 挑唆ㅎ야 彼等으로ㅎ여 곰 他國을 討滅케ㅎ고 然後에 汝等은 其後에 起ㅎ야 佛墺二國을 討滅ㅎ면 露國의 世界를 倂呑홈이 또호 決코 疑貳가 無ㅎ리라

에 莫ᄒᆞ는 時에ᄂᆞᆫ 宇內帝王이 되ᄂᆞᆫ 事를 得ᄒᆞᆯ지니 故로 或 土耳其와 戰ᄒᆞ고 或 波斯와 爭ᄒᆞ야 日 노干戈를 勤ᄒᆞ야 少弛ᄒᆞᆷ이 無케ᄒᆞ며 海軍을 黑海에 擴張ᄒᆞ야 漸次로 全海를 扼ᄒᆞ며 波羅的 海를 占領ᄒᆞ고 是ᄂᆞᆫ 君士坦丁堡에 據ᄒᆞ야 宇內에 覇ᄒᆞᄂᆞᆫᄃᆡ 第一 着手가 될거시오 又 波斯를 襄翦ᄒᆞ게 ᄒᆞ야 其港灣을 占奪ᄒᆞ고 西利亞를 經ᄒᆞ야 來般多 에셔 古來로 ᄒᆞ던 通商貿易을 回復ᄒᆞ고 印度에 侵入ᄒᆞ라 印度ᄂᆞᆫ 世界에 寶庫가 되니 汝等은 此에 到ᄒᆞ면 英國과 如히 財貨의 費와 鮮血의 流를 不要ᄒᆞ고 此를 倂呑ᄒᆞᆷ을 得ᄒᆞ라라
第十欵 塽國과 同盟ᄒᆞ야 此를 謹愼ᄒᆞ야 保持ᄒᆞ다가 만일 塽國이 日耳曼을 統御코져 ᄒᆞ거든 陽으로 此를 贊成ᄒᆞ고 陰으로 隣國을 煽動ᄒᆞ야 彼를 憎惡케 ᄒᆞᆯ 事를 謀ᄒᆞ고 ᄯᅩ 항상 日耳曼列邦으로 ᄒᆞ여곰 敎援을 我에게 請케 ᄒᆞ고 我ᄂᆞᆫ 不敗의 地에 立ᄒᆞ야 諸國을 保護ᄒᆞ고 塽國을 屈從케 ᄒᆞᆯ 策을 施ᄒᆞᆯ지니라
第十一欵 塽地利를 恩惠로ᄡᅥ 欺ᄒᆞ야 彼로 ᄒᆞ여곰 土耳其를 歐洲에셔 排斥ᄒᆞᆷ을 同盟케 ᄒᆞ고 因ᄒᆞ야 彼를 利로ᄡᅥ 陷ᄒᆞ기ᄂᆞᆫ 君士坦丁堡에셔 掠奪ᄒᆞᆫ 거슬 彼에게 分配ᄒᆞ

第五欵　苦心經營하야써瑞典을蠶食하되만일彼가怒하야戰을宣하면我는此를征服하는口實을得함이니瑞典을幷呑한後에는丁抹을侵畧하되瑞丁兩國으로하여곰항샹셔로敵視軋轢케홀지니라

第六欵　露國諸親王의妃嬪은恒常日耳曼의內親王을擇하야結婚하야親族의交誼로由하야써我의利害關係를密接하야日耳曼國內에擴充케하고彼로하여곰我의黨與가되게하라

第七欵　英國은其海軍과貿易함이我國의文化를助하는者ㅣ니故로彼와通商同盟을最善케하고我의지목과及其他物産으로써彼의金貨를交易하고又我의商買와水夫로하여곰彼의商買水夫와交通케하야其親密함을益圖謀하면我의貿易航海와海軍進步上에利益이大有하리라

第八欵　汝等은맛당히波羅的海沿岸의版圖를北方에擴張하고又紅海沿岸의領土를南方에擴張하라

第九欵　我露領으로하여곰君士坦丁堡와及其近畿에密邇케하라대개帝都를此

호야 其强大홈을 致호는 手段이니라

第二欸 我露國은 戰時에는 有爲의 將校를 西國에서 招聘호고 平時에는 學士를 備호야 人民을 敎育호라 대개 他國人民의 享호는 利益을 露國人民으로호여곰 不享케 홈이 不可호니 但外人을 招聘홀 時를 當호야는 비록 秋毫ㅣ라도 自國人民의 自尊호 精神을 失却호지 아니홀 事를 要호라

第三欸 歐洲에서 葛藤의 紛議가 有호거든 種種의 口實 노써 干涉호되 就中에 日耳曼은 我의 隣國이라 直接의 利害所關이 有호니 該國事變에는 반다시 全力을 注호야 干涉홀지니라

第四欸 波蘭에 對호야는 內亂을 煽動호되 或 賄賂를 送호야 其貴族의 歡心을 買호며 或 其議會를 腐敗케 홀 計策을 施호고 其露國의 黨與로 호여곰 其官職을 得케 호고 莫斯科兵士를 此地에 駐屯케 호야 써 彼等을 保護호고 若 他國이 此를 障礙호는 者ㅣ 有호거든 暫時彼에게 其國土를 分割호여 此를 撫慰호고 時機를 俟호야 其全土의 占奪홀 策을 講究호라

라

○帝는事業을 爲ᄒᆞ야 熱狂의 癖이 有ᄒᆞ니 外臣 緤尼夫ㅣ라 ᄒᆞᄂᆞᆫ者ㅣ 羅土斯基湖의 開鑿ᄒᆞᄂᆞᆫ 事業을 成功ᄒᆞ니 帝ᄂᆞᆫ 歡喜ᄒᆞᆷ을 不堪ᄒᆞ야 드듸여 重患을 冒ᄒᆞ고 彼處에 赴ᄒᆞ야 緤尼夫를 抱ᄒᆞ여 曰 汝ᄂᆞᆫ 朕의 病을 愈케 ᄒᆞ엿다 ᄒᆞᆷ에 至ᄒᆞ더라 監督 發尼得의 評論에 曰 彼得은 實노 熱血을 燃케 ᄒᆞ기 易ᄒᆞᆫ 人이라 彼의 感情은 動物的으로 發生ᄒᆞ며 항샹 多量의 쑤란듸를 飮ᄒᆞ야 其熱度를 更高케 ᄒᆞ고 彼의 頭腦ᄂᆞᆫ 敎育을 受치 아니ᄒᆞ여도 스ᄉᆞ로 聰明ᄒᆞ며 彼ᄂᆞᆫ 器械的에 勞動ᄒᆞ엿ᄉᆞ니 此點으로 觀ᄒᆞ면 彼ᄂᆞᆫ 皇帝로도 오히려 造船匠에 適當ᄒᆞ다 ᄒᆞᆷ은 自然의 數ㅣ라 ᄒᆞ엿더라

○帝ᄂᆞᆫ 臨崩에 遺訓을 子孫에게 貽ᄒᆞ야 써 其志를 繼ᄒᆞ게 ᄒᆞ니 其遺訓을 視ᄒᆞ면 彼의 主義精神의 存ᄒᆞᆷ바를 可知ᄒᆞᆯ지니 其要領은 左와 如ᄒᆞ니라

第一欵 我露國人民은 恒常 戰場에 在ᄒᆞᆷ과 如히 心을 持ᄒᆞ고 兵卒은 晝夜로 甲冑를 着ᄒᆞ야 其警戒를 勿怠ᄒᆞ야 精兵을 養ᄒᆞ고 勇氣를 貯ᄒᆞ엿다가 機會를 善乘ᄒᆞ야 侵略을 試ᄒᆞ며 비록 平時라도 武備를 弛ᄒᆞᆷ이 決코 不可ᄒᆞ니 此ᄂᆞᆫ 實노 露國이 他國을 幷呑

人物의 一端을 亦可見이러라

○帝는 歐洲二三國의 語를 通하되 和蘭語에 最巧하고 又羅甸語에 能한 故로 暇가 有하면 外國의 書籍을 親히 飜譯하더라 滇達健의 記錄에 曰彼得은 外科術에 大熟練하고 또 此를 頗好하야 彼得堡解剖場에 常臨하야 屢屢히 齒를 拔하고 血을 絞하며 又水腫의 患者를 治療하는 事가 有하더라 彼가 一日은 皇女로 하여금 佛語를 讀케 하고 또 此를 飜譯케 하야 皇女ㅣ 此를 能히 하면 大加賞嘆하여 曰皇女ㅣ여 汝의 幼穉로 書를 能讀하니 實노 汝의 幸福이로다 吾는 幼時에 完全한 敎育을 受함 得하면 假令吾로 一指를 失할 지라도 不足惜하 엿노라 하니 其 篤學함을 亦可知矣러라

○帝는 勇往奮進함을 貴히 녁여셔 心에 決하 者는 반다시 斷行하며 手를 着하는 者는 반다시 完成하고 또 非常한 忍耐性이 有하나 自己의 意에 逆하는 者는 瞬時의 忍耐를 不能堪하고 반다시 自進하야 他人으로 하여곰 此를 倣하게 하는 此等事는 彼의 美性中 最美性이라 一日은 群臣과 相會하야 兩掌을 衆人에게 示하여 曰朕은 卿等의 皇帝로 在하나 然이나 其兩掌의 粗硬함이 如此하다 하야써 自主自營의 重함을 諭하더

○彼의 幼時敎育은 適宜홈을 不得혼바ー 有홈으로 終身토록 其獰猛의 擧動을 不能悛호야 情을 忘호고 道를 忘호는 行事가 有호니 항상 自嘆曰 朕이 大帝國을 改革홈은 不拘호고 一身의 改新을 不能호나 然이나 오직 飮酒의 惡癖은 後日에 全혀 此를 絶홈에 至호리라 云호엿스며 帝는 寬仁혼 美德이 有호니 可憐혼 者를 爲호야는 己를 擲호야 援助호며 彼는 人을 苛酷히 使호과 如호나 自己도 亦 如斯히 使役호야 一毫도 勞苦를 厭치 아니호니 此는 홀노 彼에게 見홀 美性이러라

○帝는 東洋人의 謂호는바 君子人이라 怒를 人에게 不遷호더니 일즉이 伯蘭的 將軍의 征討 捕獲혼 賊魁 等이 圖圍中에 在호야 其處刑을 待호실 帝ー獄吏를 命호야 彼等을 一히 引出호야 帝의 面前에셔 或首를 斬호며 或車裂以殺호며 或土中에 生埋호는 諸般 殘酷兇暴의 刑戮을 試호더니 時에 因徒中에 伊般吳爾路夫란者ー 斷頭臺下에 來호야 帝를 顧호고 帝를 冷視호며 傍에 在호던 帝도 此 冷語를 遭호매 其 怒氣가 不得히 沈호야 即時 吳爾路夫의 言을 嘉호야 彼를 放免 厚用호야 遂爲 貴族호니 以此로 其히 首級을 蹴호야 曰 我의 頭를 此와 如히 홈이 何益이 有호리 오호니 烈火와 如히 怒호

聖彼得大帝傳

洲列國과 威勢를 爭ᄒᆞ고 東으로는 亞洲에 垂涎ᄒᆞ야 漸漸 呑噬를 逞ᄒᆞ야 實노 不可當의 勢力이 有ᄒᆞ니 是肯 大帝의 遺業을 承흠이라 嗚呼ㅣ라 今其英魂이 何處에 在ᄒᆞ고 烏拉山頭月明處에 在ᄒᆞᆫ가 黑龍河畔胡馬嘶北風ᄒᆞᄂᆞᆫ處에 在ᄒᆞᆫ가 抑又大連灣邊怒濤碎岸ᄒᆞᄂᆞᆫ處에 在ᄒᆞᆫ가

第九章 彼得의 人物

○初에 彼得이 皇位에 登홀時에 內으로는 兄弟가 墻에셔 鬩ᄒᆞ며 外으로는 列强이 彊을 犯ᄒᆞ고 加之權臣이 跋扈ᄒᆞ며 奸將이 陸梁을 逞ᄒᆞ야 國勢의 危急이 不啻如累卵이라 然이나 彼得이 年少의 身으로써 毅然히 其間에 立ᄒᆞ야 從容히 國家의 基礎를 立ᄒᆞ니 是以로 囊時의 禍ᄂᆞᆫ 今日의 福을 作ᄒᆞ고 昨日의 敗ᄂᆞᆫ 今日의 勝이 되엿ᄂᆞᆫ지라 嗚呼ㅣ라 所謂 智宇을 乾坤을 呑吐ᄒᆞᄂᆞᆫ 豪傑이 아니면 安能至此ㅣ리오 彼得의 計는 實노 其本이 有ᄒᆞ니 彼와 如ᄒᆞᆫ 者ᄂᆞᆫ 曠古에 오직 一人을 見ᄒᆞ겟도다

○彼得은 多面多角的 人物이라 可憎可褻可傲可戒者ㅣ 甚多ᄒᆞ니 一方面으로만 觀察ᄒᆞ야ᄂᆞᆫ 到底히 其眞相의 解흠을 不得ᄒᆞ리라

聖彼得大帝傳

○爾來에 帝는 常爲病魔所襲호야 一日도 安心홀 時가 無호나 然이나 帝는 羅土俄湖에 서 竣工된 新造軍艦을 檢閱코져호야 侍醫의 止홈도 不顧호고 病을 强호야 至호야 軍艦을 乘호고 遠人海中호더니 偶然히 黑雲이 四集호며 颶風이 忽起호야 狂瀾이 怒濤에 艦幾覆沒이라 衆皆努力호야 漸漸陸地에 近호며 錨를 投호야 써 天候의 晴홈을 侯호더니 時에 兵士들 滿載혼 一短艇이 流來호다가 艇이 激浪에 撥鼓호야 其危險홈을 不可形言이라 艇中人이 皆失色이어늘 帝ㅣ平生豪氣ㅣ未全銷沈호야 其短艇을 自漕 호야 彼等을 欲救홀서 艦上에셔 艇上에 躍入호다가 海中에 誤陷호니 自是로 病益大漸 호야 精神이 漸漸錯亂호야 巨廉列弗殿에 在호야 數日苦悶호더니 惜哉라 露國中興의 君千古無雙혼 豪傑의 彼得大帝가 數語의 遺詔로 斯世를 辭호고 九泉에 客을 作호니 享 年이 五十有三歲니 實 一千七百二十五年一月二十八日에 夕陽은 이의 西山에 沒호고 晚鴉는 噩噩호야 樹林에 歸홀 頃이러라 訃音이 一下호미 朝野ㅣ 驚駭哀悼홈이 考妣들 喪홈과 如호더라

○彼得이 旣逝혼지라 此에 一百七十三年이라 露國의 富强이 頓然增加호야 西으로는 歐

聖 彼得大帝傳

○彼得은 知命의 年을 未越ᄒᆞ야 不可謂之老ㅣ나 然이나 積年의 過勞홈이 彼의 健康을 大傷ᄒᆞ야 元氣가 稍稍消耗ᄒᆞ야 萬機를 視홈을 亦懶홈에 至ᄒᆞ니 드듸여 決然히 位를 讓ᄒᆞ고 悠悠自適ᄒᆞ야 餘生을 送ᄒᆞ고져 ᄒᆞ나 然이나 皇太子彼得은 尙幼少ᄒᆞ야 國政을 委ᄒᆞ기 難ᄒᆞ지라 이에 皇后加陀隣에게 位를 讓ᄒᆞ실ᄉᆡ 親히 皇冠을 將ᄒᆞ야 皇后의 頭上에 加ᄒᆞ니 實노 一千七百二十四年二月一日이라 이에 元老院委員과 議會의 議員과 其他 衆多ᄒᆞᆫ 貴族과 并高僧等은 新廷에 陸續來朝ᄒᆞ야 其即位를 慶賀ᄒᆞ더라

○加陀隣이 國事를 決ᄒᆞ매 敢히 獨裁치 아니ᄒᆞ고 曼綑格弗侯로ᄡᅥ 顧問을 合으며 或議會의 協議에 附ᄒᆞ야 國民을 撫循ᄒᆞᄂᆞᆫ 故로 其初에 加陀隣을 反對ᄒᆞ던 者들이 今에ᄂᆞᆫ 其風에 感化ᄒᆞ야 全혀 彼들 慕ᄒᆞ더라 一日은 風說이 忽作ᄒᆞ여 日 女皇加陀隣이 不軌를 圖ᄒᆞ야 其情夫古魯逸克斯와 結托ᄒᆞ야 彼得을 殺ᄒᆞ고져 ᄒᆞ거늘 帝ㅣ 大怒ᄒᆞ야 即時 古魯逸克斯를 捕ᄒᆞ야 斷頭臺에셔 斬ᄒᆞ야 其頭를 警示ᄒᆞ야 加陀隣에 示ᄒᆞ야 其悲與不悲를 試ᄒᆞ니 加陀隣은 意外로 自若ᄒᆞ야 少不變色ᄒᆞ거늘 於是에 全혀 無根의 事인 줄을 信ᄒᆞ고 其愛情이 舊와 如ᄒᆞ더라

을 張하고 月鄕雲客堂에 集하야 偶然히 先帝亞歷舍와 自己의 事에 談及한지라 帝ㅣ乃起 하야 問曰 先帝와 朕이 孰優하뇨 無信武素金이 應聲曰 陛下의 偉業을 焉能加焉이리잇가 帝ㅣ聞之하고 激怒曰 汝ㅣ朕의 父帝를 誹하고 朕에게 諛함은 곳 朕을 誣 함이라 汝勿復言하라하고 洞爾吳路基의 椅子를 打하며 問曰 汝ㅣ平生에 朕을 苦心詰 責하미 朕甚憎汝하나 亦其正直을 愛하는 故로 敢問此하노니 父帝와 朕이 孰優하뇨 洞爾 吳路基ㅣ對曰 乞陛下는 復座하소셔 臣이 暫時此를 思考하리이다 帝乃歸座하니 洞爾 吳路基ㅣ長噓를 撫하고 舍笑曰 臣亦無信武素金의 言과 如하나 然이나 但陛下의 優點이 有三호니 國을 治하미 公道로써 하시니 是先帝의 所不能이오 弊習을 改革하고 海陸軍 의 兵備를 完成하시니 是先帝의 所不及이오 外交를 盛히 하고 文化를 輸入 하야 國益을 增進케 하시니 是눈陛下셔 先帝보다 勝한者ㅣ니이다 하고 言畢에 哄然 히 大笑하니 帝乃一語를 不能發하고 默然良久에 曰 汝實誠忠의 臣이라 朕은 自今으로 汝 의 言을 信하노라하고 欣喜가 極하미 드듸여 起座하야 洞爾吳路基와 接吻하니 其襟度의 洒落함이 大槪如斯하더라

聖彼得大帝傳

ㅎ며 且國中에 通商交易을 興隆케 ㅎ려면 몬져 海運業을 獎勵홈이 可ㅎ다ㅎ고 이에 多
數호 靑年을 諸外國에 遊學ㅎ야써 航海術을 練習케ㅎ고 當時에 農業이 進步치 못ㅎ야
農夫는 太半이나 生財치 못ㅎ는디 勢力을 含ㅎ니 帝는 此를 크게 慨歎ㅎ야 數百의 農夫를
諸外國에 分遣ㅎ야써 農事를 硏究케 ㅎ고 又 當時의 風俗을 矯正ㅎ야 居處와 衣食을
西歐의 風을 摸倣ㅎ니라
○當時에 戰後餘弊로 因ㅎ야 遊食의 民이 多홈으로 帝는 各處에 職業場을 設ㅎ고 彼等
에게 各各 相當호 業을 傳授케ㅎ고 又 貧窮호 老幼을 爲ㅎ야 重要호 都府마다 養育院을
設立ㅎ고 官費로써 養케ㅎ며 又 全國에 命ㅎ야 戶籍을 調査케ㅎ며 又 官吏中
에 賄賂를 貪ㅎ는 者ㅣ 有ㅎ면 卽 爲免黜ㅎ고 正直호 者에게는 各各 賞金을 與ㅎ더라
○帝는 又 美術의 點에도 注意ㅎ야 二三의 工學士를 佛國에 派遣ㅎ야 建築術을 攻究ㅎ
야 有名호 柴亞歷山大內烏斯基의 樞를 其所에 移ㅎ고 盛典으로써 祭ㅎ다
고 宏麗호 禮拜堂을 建設ㅎ야써 新都를 修飾ㅎ고 又 廣大호 內烏斯基修道院을 創立ㅎ
○帝는 暇를 乘ㅎ야 宴會를 設ㅎ고 朝野의 紳士를 招ㅎ야 互相歡唔ㅎ더니 一日은 盛宴

彼得大帝傳

에 使를 送ᄒᆞ야 其宿志의 達ᄒᆞᆷ을 始得ᄒᆞ엿더라 當時에 波斯ᄂᆞᆫ 土耳其와 阿富汗의 隣國이 頻頻侵擊ᄒᆞ야 國勢의 危急ᄋᆞᆷ이 累卵과 如ᄒᆞᆷ으로 此를 渴望ᄒᆞ던 好機會가 有ᄒᆞᆫ지라 곳 其內政을 干涉ᄒᆞ며 隣國과 修好ᄒᆞᆫ다 名ᄒᆞ고 五萬의 援兵을 波斯에 送ᄒᆞ야 城을 攻ᄒᆞ며 地를 畧ᄒᆞ야 裏海邊에셔 波斯領 三州를 占奪ᄒᆞ더니 其後에 阿富汗人이 波斯에 闖入ᄒᆞ야 其帝王을 肆意廢立ᄒᆞ고 其國政을 左之右之ᄒᆞᄂᆞᆫ지라 露國이 此를 乘ᄒᆞ야 呑噬를 逞ᄒᆞᆯ 好機會를 得ᄒᆞ엿다ᄒᆞ고 兵을 遣ᄒᆞ야 其廢帝를 助ᄒᆞ야 繼絶興滅의 名義를 藉ᄒᆞ고 ᄒᆞ야 其帝王을 肆意廢立ᄒᆞ고 裏海南西에 在ᄒᆞᆫ 殷富ᄒᆞᆫ 數州를 蠶食ᄒᆞ니라 時에 那西留라 ᄒᆞᄂᆞᆫ 古夫의 蠻族이 起ᄒᆞ야 露帝의 東方을 侵畧ᄒᆞᆯ 對路를 遏止ᄒᆞ니 初에 那西留ᄂᆞᆫ 波斯를 襲擊ᄒᆞ야 阿富汗人의 該國에 在ᄒᆞᆫ 者의 帝位를 簒奪ᄒᆞ고 露國을 遂窓ᄒᆞ니 是ᄅᆞ 其銳鋒을 一轉ᄒᆞ야 西方으로 向ᄒᆞ며 同時에 波斯에셔 土耳其人을 驅逐ᄒᆞ야 略奪ᄒᆞᆫ 土地를 因此失坮ᄒᆞ엿더니 帝의 遭遇ᄒᆞᆫ 第一勁敵이라 彼得은 亞細亞에 在ᄒᆞ야 波斯領을 買收ᄒᆞ니라

○初에 帝ㅣ 崩ᄒᆞᆫ 後에 露人은 條約을 由ᄒᆞ야 波斯領을 買收ᄒᆞ고 內治와 外交에 共히 輿論을 因ᄒᆞ야 制度를 立ᄒᆞ며 帝ㅣ 集議院과 元老院을 設置ᄒᆞ고

聖彼得大帝傳

엿다 ㅎ니 後에 帝는 其嫌疑者를 捕ㅎ야 毒殺ㅎ고 又亞歷舍의 母歐度奇亞后의 親族을 死刑에 處ㅎ고 帝는 憤怒가 오히려 止치 아니ㅎ야 亞歷舍의 子彼得을 皇太子位에서 排斥ㅎ더라 然이나 加陀隣의 皇子는 다 薨去ㅎ엿슴으로 更히 皇孫彼得을 擧ㅎ야 皇太子를 合으니 是는 彼得第二世러라

○帝는 其晩年에 至ㅎ야도 오히려 內政을 改혼며 外交를 振作ㅎ야 其國威를 八紘에 크게 宣揚ㅎ더라 先是에 帝는 當爾牙河로브터 頓河에 至ㅎ는 諸處에 驛傳을 設置ㅎ고 頓河口에는 多賀緣府를 建立ㅎ야 此地로써 南部諸國을 交通ㅎ는 中心을 合아셔 南域을 呑噬홀 準備를 作ㅎ엿스나 然이나 一千七百十一年에 土耳其와 平和條約을 締結혼 所以로 該府及亞東海邊의 地方은 土耳其에셔 割讓홈을 不得ㅎ게 되엿스미 於是에 高加索山의 西部를 歷ㅎ야 波斯와 印度를 通ㅎ고져 ㅎ다가 路를 不得ㅎ고 因ㅎ야 其方向을 更轉ㅎ야 東方에 着眼ㅎ야 裏海의 西에 在혼 敬波國과 交誼를 修ㅎ시 陽으로는 親睦의 意를 表ㅎ나 陰으로는 幷呑홀 心을 懷ㅎ고 該國에 使臣을 遣ㅎ엿다가 其密謀를 不成ㅎ엿스나 然이나 彼의 印度貿易을 開ㅎ고져 ㅎ는 野心은 勃勃不能禁ㅎ야 波斯國

69

을 探호야 鬱悶을 散호기 爲홈이라 於是에 亞歷舍를 命호야 安特坦府에 會合호기로 期約호엿더니 亞歷舍는 不來호고 遂히 伊太利 去호더라 然이나 帝는 彼를 不忍遠棄호야 遂使人으로 伊太利에 徃호야 命을 傳호여 曰 汝若改心호야 父帝의 命을 聽호면 皇帝가 될거시어놀 汝는 엇더케 思호느뇨 호엿더니 嗚呼孤客이 天涯萬里에 在호야 今此慈音을 接호고도 亞歷舍는 猶不自喜호고 直與使者로 莫斯科에 共還호엿더니 獄門을 既開호고 彼를 待호는줄 豈圖호엿스리오

○ 盖帝는 自謂호디 彼는 吾에 對호야 如此히 不遜호고 且我가 皇位를 棄호여도 不顧홀 듯호니 或者奸賊의 陰謀에 與호야 吾를 弑코저호는 惡意가 得無홀가 若果然이면 是는 國家의 大事ㅣ라 暫時도 猶豫홈이 不可ㅣ라 호고 彼를 囹圄에 下호야 苛責榜問호야 써 其實을 吐호게 호나 然이나 强硬호 彼는 此를 應호는 氣色이 無호지라 彼의 皇妃와 加邸鄒은 흠쌔 涙를 流호나 尚不應答호고 如斯히 往荏五個月을 過호니 於是에 帝는 彼를 愈怪호야 드듸여 軍事裁判所에 引出호야 死刑으로 宣告호 엿더니 彼는 此를 執行홀 前日에 至호야 獄中에셔 病沒호지라 或은 他人의 毒殺을 被호

聖彼得大帝傳

敎育을受ᄒᆞ엿슴으로保守의精神만感受ᄒᆞ여恒常帝의大改革ᄒᆞᄂᆞᆫ事ᄅᆞᆯ反對ᄒᆞ야屢히不滿의意ᄅᆞᆯ洩ᄒᆞᄂᆞᆫ지라然이나帝ᄂᆞᆫ改革의斷行ᄒᆞᆷᄋᆞᆯ不止ᄒᆞ야露國의文物이一新홈에至ᄒᆞ니彼의憤懣홈이益益增長ᄒᆞ야衆人ᄋᆞᆯ遂向ᄒᆞ야公言ᄒᆞ기ᄅᆞᆯ父帝若死ᄒᆞ어든吾當卽位ᄒᆞ야父帝의事業ᄋᆞᆯ悉皆毁破ᄒᆞ고萬事에皆舊露西亞의國粹ᄅᆞᆯ保存ᄒᆞ리라ᄒᆞ니帝ㅣ開之ᄒᆞ고大惡且悲ᄒᆞ야九腸이寸斷ᄒᆞ며日夜로襟袖가乾ᄒᆞᆯ暇ㅣ無ᄒᆞ고殆히疑食ᄋᆞᆯ廢ᄒᆞᄂᆞᆫ事가有ᄒᆞ다가果斷이有ᄒᆞ되極端의思想ᄋᆞᆯ起ᄒᆞ야日天이授ᄒᆞᆫ吾의事業ᄋᆞᆯ空然히亞歷舍의破滅ᄒᆞᄂᆞᆫ디至ᄒᆞᆷ보다寧彼ᄅᆞᆯ廢ᄒᆞ고他의適當ᄒᆞᆫ承繼者ᄅᆞᆯ求ᄒᆞᆷ만不如ᄒᆞ다ᄒᆞ고곳勅令ᄋᆞᆯ發ᄒᆞ야日爾來에ᄂᆞᆫ王位相繼ᄒᆞᆯ者ᄂᆞᆫ長男에만限ᄒᆞᆯ거시아니오오직皇帝의好ᄒᆞᄂᆞᆫ者로써此에當케ᄒᆞ야謂日汝ᄂᆞᆫ吾의偉業ᄋᆞᆯ繼코智中에悲哀思ᄅᆞᆯ不捨ᄒᆞ다시亞歷舍ᄅᆞᆯ說諭코져ᄒᆞ나抑僧侶가되고져ᄒᆞᄂᆞ냐二者에其一ᄋᆞᆯ擇ᄒᆞ라亞歷舍ㅣ冷然答日僧侶가되기ᄅᆞᆯ乞ᄒᆞ노이다

〇此不快의返答이遂使帝로飄然히西歐漫遊ᄅᆞᆯ思케ᄒᆞ니디미帝ᄂᆞᆫ諸所의名勝舊跡

○ 며 或 砲臺를 搊造ᄒᆞ야 日이 暮ᄒᆞᆷ을 不知ᄒᆞ더라

○ 一日은 帝ㅣ佛國賢相加爾的納理士劉의 墓에 詣ᄒᆞ야 其地下의 靈에게 告ᄒᆞ야 曰 賢相이여 朕은 卿으로더브러 同時에 生치못ᄒᆞᆷ을 恨ᄒᆞ노라 若使卿으로 此世에 在ᄒᆞ 엿스면 朕은 其領地의 一半을 與ᄒᆞ여도 惜지아니ᄒᆞ리로다ᄒᆞ고 嗟嘆久之ᄒᆞ더라

○ 帝는 巴里에 在ᄒᆞᆫ지 數月에 遂辭ᄒᆞ고 安特坦府에 還ᄒᆞ야 加陀鄰을 伴ᄒᆞ고 陸路로 彼 得堡에 歸ᄒᆞ니 時는 一千七百二十二年 正月이라 人民이 彼를 益益敬畏ᄒᆞ야 이에 大帝 의 尊號를 遂奉ᄒᆞ고 國爺로 稱ᄒᆞ더라

第八章 彼得의 晩年

○ 帝는 西歐에 久遊ᄒᆞ야 巴里의 花月을 嘆賞ᄒᆞ고 沿道厚遇를 受ᄒᆞ며 國에 歸ᄒᆞᆫ後에 平 生最酸鼻를 一大悲劇을 演ᄒᆞ얏스니 此는 吾人의 恒常破廉恥의 所業을 行ᄒᆞ야 到底히 大 歐度奇亞의 生ᄒᆞᆫ바ㅣ라 天性이 放恣懶惰ᄒᆞ야 엿스니 此는 吾人의 最遺憾ᄒᆞᆫ바ㅣ러라 皇子亞歷舍는 帝國의 王位에 登ᄒᆞᆯ 威望이 無ᄒᆞ고 且幼少時로브터 深宮에서 養ᄒᆞ야 全혀 婦人의 手에

聖彼得大帝傳

畔의 土地를 取ㅎ엿스며 露國은 里慕尼英格利亞及伊斯士蘭士一帶의 地를 得ㅎ야 波羅的海에 出ㅎ는 道를 初得ㅎ니 爾來로 露國의 勢가 隆隆ㅎ야 朝日이 東天에 昇흠과 如ㅎ야 非常혼 權威로 西歐의 事件을 干涉흠에 至ㅎ더라

○瑞典과 戰爭을 終ㅎ고 미帝는 下抹을 離ㅎ야 留邊하를 由ㅎ야 安特坦府에 至ㅎ야 衆多ㅎ 知友를 遇ㅎ야 懷舊의 情을 共語ㅎ고 皇后加陀鄰을 此에 駐케ㅎ고 佛國에 獨往ㅎ니 電西將軍이 國王의 代理로 帝를 團金吳에셔 奉迎ㅎ거늘 帝ㅣ 將軍을 伴ㅎ야 巴里府에 至ㅎ니 官民의 歡待ㅎ는 實노 形言키 難ㅎ더라 宴席에 臨ㅎ는 日도 多ㅎ거니와 華美壯麗ㅎ 天地를 크게 彼를 感動케ㅎ는지라 遂曰 烏乎라 쯤은 歸國ㅎ거든 正히 美術을 盛ㅎ게ㅎ리라ㅎ는 歎息을 發ㅎ기시지ㅎ더라 佛의 若王 時는 年이 七歲라 屢屢히 馬車를 驅ㅎ야 帝를 旅館에 訪問ㅎ니 帝는 佛王을 抱ㅎ야 愛흠을 殆若 己兒ㅎ야 크게 親交를 結ㅎ더라

○彼는 巴里에 在ㅎ여 도 光陰을 無益히 消費치 아니ㅎ고 暇를 乘ㅎ야 各工場으로 巡行ㅎ며 造船所와 砲兵局을 尋訪ㅎ야셔 見聞을 博ㅎ게ㅎ고 或 地圖를 閱ㅎ야 曉에 達ㅎ

瑞典 艦隊를 攻擊할 事를 計호야 即時二國의 同盟을 得호야 帝는 自爲司令長官호야 諸 艦을 指揮호야 瑞典의 海軍을 襲擊大破호고 帝乃左右를 顧호여 曰是即吾의 最得意의 秋ㅣ라 호며 其揚揚한 色이 外面에 溢호더라

○ 査列斯는 國에 歸호야 몬져 丁抹의 同盟國諸威를 征服코져 호야 一千七百十八年冬에 普理士利非斯堡를 圍호더니 不幸히 流丸을 中호야 倒호니 嗚呼ㅣ라 査列斯는 不世 出의 資로써 國勢를 振興호고 非常호 勇氣의 忍耐홈으로 彼得과 雌雄을 爭호엿스나 亦一世에 英傑이라 謂홀만호도다 그러나 元來로 名將軍의 術策도 無호며 又大政治家 의 技量도 無호고 오직 一時의 憤情을 不忍호야 其鋒을 輕用호야 國力이 疲弊호고 遂自 挫折홈에 至호야 享年三十六歲호니 惜哉로다 歷史에는 彼를 呼호야 北歐에 狂王이라 稱호엿스나 佛의 文豪되는 慕爾丁은 彼를 不朽에 傳호엿더라

○ 査列斯ㅣ 旣死호고 新王이 即位한 後로 國勢가 漸益委靡호야 復振의 由가 無호미 遂 與露國으로 尼蘇達的 條約을 調印호야 戰爭의 局을 結호니 時는 千七百二十一年이라 此條約을 基호야 英國은 武禮兒及邊爾電地方을 取호고 普魯斯는 須天沈及遠天爾河

聖彼得大帝傳

一 彼得을 無事히 歸國케 혼事이러라

查列斯는 露土戰爭을 因호야 漁夫의 利를 欲占호다가 其苦心이 全혀 水上에 泡가 되민 土政府의 擧動을 深히 憤慨히 녁이며 尙且 歸國지아니호고 彼에 止호야 土政府는 此를 크게 優待호더라 查列斯는 土國에 滯在훈頭에 瑞典지 아니호고 彼에 止호야 土政府는 此를 이 累卵과 如홀뿐아니라 人民이 또호 査列斯를 廢호고 新王을 立훈 陰謀를 企圖호며 波蘭、丁抹、普魯斯、及英吉利四國이 露西亞로 盟主를 合고셔 連合호여 瑞典을 侵略호다 호는지라 査列斯 此報를 聞호고 大驚急行호야 二週日을 經호야 其領地를 従호야 羅斯都에 到着호야 此를 根據호야 遂使彼得으로 海陸의 大勝利를 得케호니 彼得은 連戰連敗호야 容卞홀地가 無혼지라 드듸여 濱土羅斯都를 捨호고 本國으로 逃歸호매 야帷幄에 在호야 奇計를 頻出호야 查列斯는 至호엿스니 其境遇는 亦可憐哉니녀

○勝을 得호 彼得은 其後에 皇后加陀隣과 同伴호야 西歐에 再遊홀시 途上에 克邊平戚에 先到호니 英波二國의 軍艦數十隻이 歡迎호는지라 帝는 三國艦隊가 相爲聯合호야

聖彼得大帝傳

有ᄒᆞ니라

○查列斯ᄂᆞᆫ土耳其에淹留ᄒᆞᆫ지五年에恨이骨體에徹ᄒᆞ야何時에ᄃᆞᆫ지耻ᄅᆞᆯ雪ᄒᆞ고져ᄒᆞ야日夜로切齒扼腕ᄒᆞᆷ을不歇ᄒᆞ고熱心으로土耳其皇帝ᄅᆞᆯ唆ᄒᆞ야彼得을擊ᄒᆞ기ᄅᆞᆯ勸ᄒᆞ더니彼의謀가其效ᄅᆞᆯ奏ᄒᆞ야千七百十一年에土耳其ᄂᆞᆫ露國에向ᄒᆞ야開戰을宣ᄒᆞ니土耳其軍은二十五萬人이라大擧ᄒᆞ야向露進發ᄒᆞ니彼得이五萬兵으로ᄡᅥ此ᄅᆞᆯ對敵ᄒᆞᆯᄉᆡ奮鬪勇戰ᄒᆞ며毫爾陀比亞公의言을信ᄒᆞ고輕進ᄒᆞ다가葡爾斯河畔에셔土軍의圍ᄒᆞᆫ바ㅣ되미鉄桶相似ᄒᆞ야交通이全斷ᄒᆞ고囊中의鼠와如ᄒᆞ야勢甚危急이라彼得이大苦ᄒᆞ야天幕內에默然獨坐ᄒᆞ야善後의策을思ᄒᆞ더니時에加陀隣이慰曰帝ᄂᆞᆫ勇敢ᄒᆞ소셔ᄒᆞ고因ᄒᆞ야陣中에廻行ᄒᆞ며歳舞獎勵ᄒᆞ여曰

○敵에게賄賂ᄅᆞᆯ贈ᄒᆞ야和ᄅᆞᆯ乞ᄒᆞ고져ᄒᆞ노니金銀을義捐ᄒᆞ라ᄒᆞ니暫時間에大金을集ᄒᆞ지라加陀隣이ᄯᅩ自己의珍重高價의寶石을加ᄒᆞ야ᄡᅥ土耳其의宰相吳蘭泥丁爵에게贈ᄒᆞ고和議ᄅᆞᆯ求ᄒᆞ야互相間에約을結ᄒᆞ니

一亞束을還附ᄒᆞᆯ事ㅣ오

聖彼得大帝傳

大亂홈에至ᄒᆞ니查列斯의殘念이退軍ᄒᆞ기로決心ᄒᆞ고唯七千兵을留ᄒᆞ야露壘ᄅᆞᆯ敵개ᄒᆞ고餘軍을率ᄒᆞ고行且住ᄒᆞ야露兵을邀戰ᄒᆞ며逃走ᄒᆞ니瑞軍은元來輕騎와步卒이成ᄒᆞ엿슴으로事急ᄒᆞᆫ時에ᄂᆞᆫ大砲의運搬을不能ᄒᆞᄂᆞᆫ지라所以로露國의砲兵을向ᄒᆞ야十分奏效ᄅᆞᆯ不能ᄒᆞ야二時間餘ᄅᆞᆯ激戰ᄒᆞᆫ後에瑞兵이全敗ᄒᆞ야自相亂走ᄒᆞ니露軍이此ᄅᆞᆯ追擊ᄒᆞ야水에追ᄒᆞ야ᄂᆞᆫ瑞軍死者ㅣ一萬人이오降者ㅣ三萬人이오其餘ᄒᆞᆫ者ㅣ僅數百人이라査列斯ㅣ僅以身免ᄒᆞ야慕理斯微根斯河ᄅᆞᆯ泳ᄒᆞ야馬設巴及數名의從者ᄅᆞᆯ帶ᄒᆞ고土耳其境에遁ᄒᆞ야君士坦丁堡皇室에實客이되니彼得은曩時에被奪ᄒᆞᆫ軍器糧餉에셔셔加多ᄒᆞᆫ戰利品을携ᄒᆞ고聖彼得堡府에凱旋ᄒᆞ미市民等의歡迎이名狀ᄒᆞ기難ᄒᆞ니此ᄂᆞᆫ千七百九年六月이라瑞典의亞都爾夫阿斯以來의勢力이蕩然掃地ᄒᆞ고此에反ᄒᆞ야露國은勃然興隆ᄒᆞ야北歐强國의列에入ᄒᆞᆫ지라彼得이더라其日東天의旭日이地上에墜ᄒᆞ니聖彼得堡의基礎ᄂᆞᆫ竟爲確立이라ᄒᆞ고大喜ᄒᆞ더라彼得이後二年에彼得이加陀隣을立ᄒᆞ야皇后ᄅᆞᆯ合ᄒᆞ니加陀隣은天姿ㅣ溫厚ᄒᆞ고愛情이甚富ᄒᆞ야恒常彼得의亂暴홈을制止ᄒᆞ고又時로彼得을從ᄒᆞ야出陣畫計ᄒᆞ야大功이

聖彼得大帝傳

ᄒᆞ니 其步騎의 精兵도 勇往決戰ᄒᆞᆯ 事를 思ᄒᆞ며 糧食과 彈藥이 쏘ᄒᆞ며 副ᄒᆞᆫ지라 此時에 查列斯의 兵은 凡二萬四千에 瑞人이 過半이오 且戰ᄒᆞ며 北方寒氣에 惱ᄒᆞ야 其勇敢無比ᄒᆞ던 兵이 變ᄒᆞ야 羸弱疲憊ᄒᆞᆫ 兵이 되엿더라 然이나 查列斯ᄂᆞᆫ 尙不少屈ᄒᆞ야 彼得의 來擊ᄒᆞᆷ을 聞ᄒᆞ고 自以爲吾의 威名으로ᄡᅥ 敵의 來ᄒᆞᆷ을 엇지 坐待ᄒᆞ리오ᄒᆞ고 이에 兵을 營外에 出ᄒᆞ야 露壘間에 進擊ᄒᆞ더라

○然이나 查列斯ᄂᆞᆫ 此日에 壘壁을 巡視ᄒᆞ다가 不幸히 敵의 守兵이 狙擊ᄒᆞᆷ을 遭ᄒᆞ야 踵에 重傷을 被ᄒᆞ야 昇床을 乘ᄒᆞ고 行陣間에 往來ᄒᆞ니 露國의 軍이 固衆寡ㅣ 懸絶ᄒᆞ고 地利가 亦不相若ᄒᆞ나 士卒이 力戰ᄒᆞ야 露國의 二壘를 奪ᄒᆞ엿스나 然이나 露軍의 將士가 砲烟彈雨間에 馳驅ᄒᆞ며 連ᄒᆞ야 新兵이 來救ᄒᆞ야 瑞軍의 縱隊를 破ᄒᆞ야 壘壁에 紅血이 川流ᄒᆞ며 露軍이 失壘를 復據ᄒᆞ고 兩軍이 平野에 在ᄒᆞ야 大戰ᄒᆞ니 彼得과 查列斯의 天下勝敗ᄂᆞᆫ 實노 此一擧에 在ᄒᆞ고 此一擧에 亦 轉瞬間에 在ᄒᆞᆷ을 知ᄒᆞ고 미 奮鬪猛戰ᄒᆞ야 視 死如歸ᄒᆞ더라 然이나 顧ᄒᆞ니 兩軍이 亦皆 其主가 目前에 在ᄒᆞᆷ을 知ᄒᆞ며 奮鬪猛戰ᄒᆞ야 視 死如歸ᄒᆞ더라 然이나 疲憊ᄒᆞᆫ 瑞兵은 勢漸減縮ᄒᆞᄂᆞᆫ 中에 坯慓悍ᄒᆞᆫ 古索克土民의 掠奪ᄒᆞᆷ을 被ᄒᆞ야 士卒이

積寒天에 朔風이 凜烈하되 衣食은 空乏하고 兵勢가 頓衰하야 二千의 士卒이 彼의 脚下에서 凍死함을 見하니 査列斯의 剛膽으로도 進退維谷이 되매 莫斯所爲라 艱辛히 千七百九年의 春을 待하야 滿山의 氷雪이 已消하고 野色이 淸新호 頃에 야 宇克羅隱地方을 離發하야 將次莫斯科에 進入코저 할새 途上에서 波爾土瓦城을 圍하니 波爾土瓦는 多 爾斯克羅河上에 在하야 莫斯科는 險路를 扼호 要地니 城中에 兵器와 粮食을 多 蓄한지라 故로 査列斯는 此地를 拔하야 其困弊호 軍의 欠乏을 補할진디 敢허 勇進하야 露都를 直衝함을 得하리라 하고 攻圍함을 甚急히 하니 城中이 此를 防하야 死守不屈하 더라 彼得이 此報를 得하고 五萬餘兵을 發하야 此를 救함에 査列斯와 河를 隔하야 陣하 고 彼得이 計를 用하야 墺爾斯克羅河를 涉하야 軍을 敵의 上游에 據할새 兵을 二線에 列 하야 其一隊는 慕理斯微根斯河岸에 達하니 慕理斯微根斯河는 墺爾斯克羅河가 此에 注하야 兩河의 合流하는 處ㅣ라 波爾土瓦에셔 五英里를 下하니 若瑞軍이 進擊하야 志 를 得지못하거든 露軍은 此를 乘하야 兩河의 間에 至하야 水에 切近히 하야 此를 扼함을 得할자라 故로 彼得은 壘壁을 築하고 重砲를 備하며 戰線을 堅固히 하야 必勝의 計를 施

彼得大帝傳

에向ᄒᆞ야 進行ᄒᆞ더니 性急혼 查列斯ᄂᆞᆫ 彼의 到着을 不待ᄒᆞ고 出發ᄒᆞ야 敵地에 深入ᄒᆞ엿슴으로 兩軍의 聯絡을 遂失ᄒᆞ고 禮苑法葡土ᄂᆞᆫ 途中 猶克禮隱河邊에셔 五萬名 露軍의 掩擊ᄒᆞᆷ을 遭ᄒᆞ야 三日 力戰ᄒᆞ다가 瑞軍의 死者ㅣ 八千이라 其大砲와 彈藥과 糧食을 盡棄ᄒᆞ고 殘兵 四千을 帶ᄒᆞ고 圍를 突出ᄒᆞ야 査列斯와 電濱那河의 附近에셔 會ᄒᆞ니 此時에 至ᄒᆞ야 査列斯와 其半飢의 兵士ᄂᆞᆫ 마 禮苑法葡土의 到ᄒᆞᆷ을 待ᄒᆞ야 糧食을 得코져 ᄒᆞ더니 糧食과 兵器를 다 敵人의 手에 落ᄒᆞᆷ을 見ᄒᆞ엿스리오 査列斯ㅣ 不得已ᄒᆞ야 宇克羅隱에 留ᄒᆞ야 冬을 守ᄒᆞᆷ에 至ᄒᆞ니 馬設巴의 部下 古索克兵은 査列斯의 地位가 漸漸危殆ᄒᆞᆷ을 見ᄒᆞ고 且 露將 曼細格弗侯의 運動이 愈愈活潑ᄒᆞᆷ을 見ᄒᆞ야 다 出戰ᄒᆞᆷ을 不肯ᄒᆞᄂᆞᆫ 故로 馬設巴ᄂᆞᆫ 約과 如히 大軍을 率ᄒᆞ야 査列斯를 援치 못ᄒᆞ고 져 數名의 從者를 伴ᄒᆞ고 來見ᄒᆞ니 査列斯ㅣ 大怪ᄒᆞ야 間日 猶有 大軍이 追踵而 來乎아 ᄒᆞ니 馬設巴ㅣ 曰 古索克兵이 彼得의 勢를 畏懼ᄒᆞ야 彼를 叛ᄒᆞᄂᆞᆫ 事를 拒絶ᄒᆞᄂᆞᆫ 故로 吾ㅣ 獨來 援助코져 ᄒᆞ노라 ᄒᆞ니 嗚呼ㅣ라 向日에 古索克의 援助를 恃ᄒᆞ고 大擧 深入ᄒᆞ야 露兵을 廛滅ᄒᆞ기를 夢想에도 不忘ᄒᆞ던 査列斯ᄂᆞᆫ 此時에 至ᄒᆞ야 一頓挫를 當ᄒᆞᆯ ᄲᅮᆫ아니라 雪

聖彼得大帝傳

列斯의 計는 里慕尼亞 等과 波羅的 海沿岸의 地를 露國으로브터 回復ᄒᆞ야써 本國 瑞典의 交通을 完全히 ᄒᆞᆫ 後 露國을 擊ᄒᆞ리라 ᄒᆞ니 然이나 彼는 前에 那爾坡에셔 露兵의 敗北ᄒᆞᆷ을 見ᄒᆞ고 크게 輕蔑히 녁임으로 此擧에 遂出ᄒᆞ야 短兵으로 急히 莫斯科를 襲ᄒᆞ니 是ᄂᆞᆫ 彼의 平生 大失錯이오 彼의 滅亡ᄒᆞᆷ도 또ᄒᆞᆫ 此에 基因ᄒᆞᆷ이러라

○ 彼得은 急히 一策을 設ᄒᆞ야 瑞軍의 莫斯科에 至ᄒᆞᄂᆞᆫ 道路를 破壞ᄒᆞ야 野를 淸潔케 ᄒᆞ고 此를 待ᄒᆞ더라 查列斯ᄂᆞᆫ 騎虎의 勢로 瞬息間에 波蘭을 橫進而來ᄒᆞ야 遂於 苦老土 那弗에셔 彼得의 軍과 會戰ᄒᆞ니라

○ 彼得의 軍은 敵을 此地에 尼止코져 ᄒᆞ야 周馳健鬪ᄒᆞ나 衆寡不敵ᄒᆞ야 連戰二日ᄒᆞ다가 遂不得利ᄒᆞ야 退軍ᄒᆞ니 决死코 查列斯ᄂᆞᆫ 此를 追擊ᄒᆞ야 途中에 種種 障害가 有ᄒᆞ여도 不顧ᄒᆞ고 長驅大進ᄒᆞ야 斯毛連斯克 近傍에 侵入ᄒᆞ야 此에셔 急히 轉道南下ᄒᆞ야 宇克羅隱 地方에 至ᄒᆞ야 馬設巴의 援兵을 待ᄒᆞ니 古索克외 酋長이라 保守의 主義를 固執ᄒᆞ고 彼得의 內治 改革을 大反對ᄒᆞ야 查列斯를 援助ᄒᆞ기로 約束ᄒᆞ엿더라 時에 瑞將 經法葡土ᄂᆞᆫ 查列斯와 連合코져 ᄒᆞ야 ᄆᆞᆫ多ᄒᆞᆫ 兵器와 糧食을 携ᄒᆞ고 宇克羅隱

聖彼得大傳

이러후에彼得이將軍의家에遊ᄒᆞ다가彼女를見ᄒᆞ고大慕ᄒᆞ야蔓細格弗侯에게乞ᄒᆞ야此를帶歸ᄒᆞ니後에加陀璘皇后가是러라

○千七百三年에는彼得이親히出陣ᄒᆞ야里慕尼亞와英格利亞地方에서瑞典의守備兵을悉皆驅逐ᄒᆞ고敵地를永久占領ᄒᆞ고如히親히山河의形勢를巡視ᄒᆞ고根波河口에來ᄒᆞ야其携帶ᄒᆞᆫ杖을地中에突立ᄒᆞ여曰須於此에帝都를開ᄒᆞ리라ᄒᆞ고모던져新城을建立ᄒᆞ고名을聖彼得堡府ㅣ라ᄒᆞ고莫斯科로브터此에遷都ᄒᆞ니라

查列斯ᄂᆞᆫ里慕尼亞地方에셔數回敗北ᄒᆞ엿스나屈ᄒᆞ지아니ᄒᆞ고最終의勝利를期ᄒᆞ야日日訓練을行ᄒᆞ야精氣의恢復을計圖ᄒᆞ니彼得이此를見ᄒᆞ고크게警戒ᄒᆞ더라千七百十四年에那爾坡를占領ᄒᆞ야漸漸新城의防備를强固케ᄒᆞ고坐古倫蘇答的의堡砦를新設ᄒᆞ야써查列斯의襲來ᄒᆞᆷ을俟ᄒᆞ더라然이나彼를戱弄ᄒᆞᆷ을欲試ᄒᆞ야使者를遣ᄒᆞ야和議를請ᄒᆞ니查列斯ㅣ謂曰莫斯科城下에至ᄒᆞ야盟約을結ᄒᆞ리라ᄒᆞ거ᄂᆞᆯ使者ㅣ歸告ᄒᆞᆫᄃᆡ帝乃莞爾而哂曰查列斯ᄂᆞᆫ亞歷山大王의所業을倣코져ᄒᆞᄂᆞ뇨朕의大劉士가其人이아닌줄爲知리오ᄒᆞ고彼와一次快戰ᄒᆞ야雌雄을決ᄒᆞ리라ᄒᆞ더라查

聖彼得大帝傳

몬져 理慕尼亞 地方에셔 波蘭兵을 放逐ᄒᆞ고 後에 格別의 抵抗이 無케 ᄒᆞ기 爲ᄒᆞ야 其 首府 利爾會에 入ᄒᆞ야 一戰에 此를 占領ᄒᆞ고 其議會로 彼의 變人 湞坦因羅斯를 國王으로 選ᄒᆞ얏스나 然이나 國人이 其命을 奉承치 아니ᄒᆞ고 到處에 騷亂을 起ᄒᆞ니 瑞兵이 其奔命에 疲ᄒᆞ야 形勢가 日日 減蹙ᄒᆞ는지라 瑞王이 大憂ᄒᆞ야 波蘭의 與國 撒遜의 征服홈만 不如ᄒᆞ다ᄒᆞ고 波撒連合軍과 頻頻 交戰ᄒᆞ야 此를 大破ᄒᆞ고 撒遜尼의 需葡知 附近ᄭᅡ지 進攻ᄒᆞ야 此國과 條約을 遂結ᄒᆞ야 湞坦因羅斯를 正常한 國王으로 認ᄒᆞ케 ᄒᆞ고 彼ᄂᆞᆫ 一年間 其地에 淹留ᄒᆞ야 兵馬의 費川을 支拂케 ᄒᆞ더라

○彼의 大敵 彼得은 彼가 撒遜尼에 對ᄒᆞ야 勢力을 浪費홈을 見ᄒᆞ고 暗暗 大喜ᄒᆞ야 好機會가 到來ᄒᆞ얏다ᄒᆞ고 盛히 軍備를 整齊ᄒᆞ야 將軍 曼細格弗侯로 ᄒᆞ여곰 英格利亞 地方을 遠征ᄒᆞ야 到處에 大捷을 奏ᄒᆞ는지라 遂乘勢 大擧ᄒᆞ야 瑞典及芬蘭을 攻擊ᄒᆞᆯ셔 千七百二年에 末利聞堡에셔 瑞兵과 戰ᄒᆞ야 大破ᄒᆞ니 時에 敵의 戰死 士官의 新婦 加陀璘이라 ᄒᆞᄂᆞᆫ 者ㅣ 有ᄒᆞ야 妙齡이 僅 十有五에 雪鬢花顔이 實로 絶世美人이라 大將 慕汇爾가 此를 戀愛ᄒᆞ야 遂欲 爲 妻ㅣ라 ᄒᆞᄀᆞᄂᆞᆯ 將軍 曼細格弗侯의 懇望의 辭를 因ᄒᆞ야 遂 割愛以贈

於是에 克邊平嚴(코푼헤근)(丁抹의 都城)의 途를 假ᄒᆞ야 理慕尼亞(리바니아)地方에 進軍ᄒᆞ니 波蘭(플란드)兵이 此를 那爾波(날파)城에셔 圍ᄒᆞ다가 不勝ᄒᆞ고 退軍歸國ᄒᆞ며 時에 露西亞兵이 理慕尼亞地方에 亦在ᄒᆞ야 瑞典軍을 那爾坡城에셔 攻ᄒᆞ거놀 査列斯는 八千의 兵으로써 能히 露西亞六萬餘의 兵과 戰ᄒᆞ니 露兵이 奮力苦戰ᄒᆞ나 이나 時方嚴冬이라 初深ᄒᆞ니 軍士가 自在運動키 不能ᄒᆞ며 且地理에 暗ᄒᆞ야 進退의 度를 失ᄒᆞ고 死地에 逢陷ᄒᆞ야 所爲를 莫知ᄒᆞ다가 瑞典軍이 踊躍爭進ᄒᆞ니 露兵이 大亂ᄒᆞ야 自相踐踏ᄒᆞ야 死者ㅣ 甚衆이라 於是에 二萬人을 殺ᄒᆞ고 數千人을 生擒ᄒᆞ엿스며 兵器糧餉을 悉皆奪取ᄒᆞ고 遂退軍ᄒᆞ다 時에 彼得이 敗報를 聞ᄒᆞ고 端然自若ᄒᆞ야 侍臣에게 告ᄒᆞ야 曰朕은 瑞軍이 我軍을 擊破ᄒᆞᆷ을 知ᄒᆞ나 彼等은 亦吾人에게 如何히 敗를 當ᄒᆞᆯ 方法을 敎ᄒᆞ리라 ᄒᆞ니 帝의 智字가 廓落ᄒᆞᆷ을 亦可見矣로다 ○嗚呼ㅣ라 戰勝將驕의 禍ᄂᆞᆫ 此에셔 大ᄒᆞᆫ이 無ᄒᆞ니 査列斯의 不勞而得ᄒᆞᆫ 勝利ᄂᆞᆫ 實노 彼의 不幸ᄒᆞᆫ 結果를 生ᄒᆞᆷ에 至ᄒᆞ엿도다 盖彼ᄂᆞᆫ 後來可恐의 露國敗北을 笑ᄒᆞ야 此를 度外에 置之不顧ᄒᆞ고 不足畏ᄒᆞᆯ 波蘭及撒遜尼에 對ᄒᆞ야 其全勢力을 消費ᄒᆞ엿스니 彼ᄂᆞᆫ

列陸四世와는查列斯의養父法爾斯坦因吳都夫侯로브터朱禮斯烏伊比의土地를割
與호기로約定호고又波蘭王歐須達斯二世와는瑞典의略取호얏里慕尼亞地方을回
復호야與호기를許諾호고此二國의助勢를旣得호고軍備가㪅整齊호니於是에一千
七百年春에突然히瑞典을向호야戰을宣호니爾來二十有餘年間에虎爭龍鬪호고甲
倒乙起호야歐洲天地가爲之腥膻호니是눈有名훈北歐大戰爭이러라
○時에瑞典王査列斯는年僅十九ㅣ라自幼時로完全훈敎育을受치못호고天性이學
을不好호고恒常熊狩를嗜호며其他無益의遊戱를耽호는故로世人이다彼로써凡庸
의人이라호야크게輕蔑호더라然이나査列斯는眞個凡庸훈人이아니라深히列國의
無禮훈을憤히녁여飜然히懶惰의惡習을悛호고蹶然히起호야辱을列國에雪코져호
더라彼는兵을善用호며彼得의謀를早已看破호고其軍略이未備홈에及호야此를先
發挫折코져호야急히軍을率호고丁抹을襲擊호니丁抹王普列陸이狼狽호야莫知所
爲호야和議를遂乞호니査列斯ㅣ此를許諾호야亞爾士羅都條約을結호고丁抹노
여곰法爾斯坦因侯國의獨立을確認케호며坯露西亞와波蘭의三國同盟을絶케호고

第七章 彼得의 外交 及 侵略

○彼得이 內治의 大改革을 斷行ᄒᆞ니 自是로 露國의 文物이 駿駿然開明의 域에 進ᄒᆞᄂᆞᆫ지라 帝ᄂᆞᆫ 雄心의 勃勃ᄒᆞᆷ을 能히 禁치 못ᄒᆞ야 將次 大驥足을 伸ᄒᆞ야 領土의 擴張을 計圖ᄒᆞᆯᄉᆡ 爲先 瑞典을 經營ᄒᆞ기로 決心ᄒᆞ니 蓋帝의 爛眼이 能히 當時의 形勢ᄅᆞᆯ 洞察ᄒᆞ야 若 瑞典을 征ᄒᆞ야 波羅的 海沿岸 一帶의 地ᄅᆞᆯ 幷呑ᄒᆞ야 各所에 良港을 設ᄒᆞ면 其 軍事上 及 貿易上의 最大ᄒᆞᆫ 便益이 有ᄒᆞᆯ 줄을 知ᄒᆞᆷ이러라 一日은 有名ᄒᆞᆫ 遊戱隊의 蹴手가 鍊習後 困憊ᄒᆞᆫ 餘에 微睡ᄒᆞ더니 夢에 嵯峨ᄒᆞᆫ 高峰이 有ᄒᆞ야 巉巖突兀ᄒᆞ고 其頂이 欻然聳出ᄒᆞ야 空을 排ᄒᆞ엿ᄂᆞᆫᄃᆡ 一大猛鷲가 現ᄒᆞ니 其母ㅣ 解之曰 高峰은 莫斯科ㅣ오 巉巖은 吳禮民 이라 猛鷲ᄂᆞᆫ 是彼得帝니 小鳥ᄂᆞᆫ 即 瑞典 王 査列斯 十二世가 非耶아 ᄒᆞ야 帝가 此ᄅᆞᆯ 傳聞ᄒᆞ고 暗想ᄒᆞᄃᆡ 前兆ㅣ 已現ᄒᆞ니 今後 遠征은 必有天祐라 ᄒᆞ야 太白을 擧ᄒᆞ야 禱ᄒᆞ고 瑞典을 征伐ᄒᆞ기로 決心ᄒᆞ엿ᄉᆞ나 然이나 彼ᄂᆞᆫ 獨單히 此ᄅᆞᆯ 遂行ᄒᆞ기 難ᄒᆞᆫ 즉 聯合力을 藉ᄒᆞᆷ만 不如ᄒᆞ다 ᄒᆞ야 其 外交術을 巧弄ᄒᆞ야 二個 同盟國을 得ᄒᆞ니 則 丁抹國王 普

聖彼得大帝傳

慣과 法律 等을 改革하야 該國中興의 君이 되여 英名을 國民의 腦裡에 長히 印하엿나니 誠哉라 言乎ㅣ여 盖彼得이 英邁의 姿도 永遠의 謀를 運하야 勇進敢爲하야 自國의 內治를 改革하고 國威를 振揚하며 頑陋의 積弊를 打破하고 遊惰의 風習을 矯制하야 自國의 主義와 精神을 一定하엿스니 故로 彼得以來로 西歐의 文明을 厭厭輸入하야 俄頃間에 其面目을 一新함에 至하엿스나 然이나 上等의 民은 進步를 望하고 下等의 民은 保守를 欲하야 帝의 改革을 贊成하고 下等의 民은 保守를 欲하야 帝의 改革을 妨害하기를 企圖하야 疾視反目하니 上下ㅣ 相爭하야 兩者의 懸隔이 遂成하야 益甚하기 大함은 是非가 起함에 至하더라

○ 然이나 帝는 文明의 智識을 輸入하며 文明의 利器를 採用함은 決코 外國을 崇拜하기 爲함이 아니오 實노 無限한 熱心을 用하야 自國을 愛護하기 만 爲함이라 故로 其 改革은 凡 露國의 現在와 後來의 利益을 作하며 露國 新文明의 基礎를 作하고 本을 作함이라 露國 詩人 葡素金이 彼得帝를 詠하야 曰 彼는 故鄕을 蔑視치 아니하고 改革을 果斷하다 하엿스니 至哉라 言乎ㅣ여

彼得大帝傳

눈 此를 大憂ㅎ야 彼等의 權力을 鑾奪ㅎ야 士族制와 任官令賞改定ㅎ고 從來世襲의 法을 全廢ㅎ고 廣히 俊秀登用의 道를 開ㅎ니라

○ 彼의 改革事業이 漸漸進步ㅎ 際에 常ㅎ야 不幸히 彼의 無二ㅎ 良師 甫爾德이 行年 四十六에 遂死ㅎ니 帝 눈 此를 爲ㅎ야 크게 落膽ㅎ다가 不逾時에 更히 勇氣를 恢復ㅎ야 愈愈益益히 刷新事業에 熱中ㅎ더라 帝는 禮甫爾德의 葬儀에 叅ㅎ실 時에 禮甫爾德 氏의 部下에 在ㅎ야 其號令을 守ㅎ던 時와 如히 一大佐의 資格으로 行列에 叅禮ㅎ니 是 눈 彼가 上官의 權威를 服從ㅎ 눈 好摸範을 示ㅎ기 爲홈이러라

○ 帝의 半生은 改革의 歷史 가 되여 大小事物을 不問ㅎ고 苟或改良ㅎ만 者 가 有ㅎ면 此를 直行不疑ㅎ고 或各地에 民刑事裁判所를 創設ㅎ며 或保護金을 與ㅎ야 諸種의 製造業을 獎勵ㅎ고 或人民을 曉諭ㅎ야 國外에 移植을 繁盛케ㅎ며 或道路를 修繕ㅎ고 運河를 開鑿ㅎ야 交通의 便利를 計ㅎ며 或印刷所를 設ㅎ야 日刊新聞을 發行ㅎ고 西歐의 風을 倣ㅎ야 喫煙을 流行케ㅎ 눈 等事는 實上急 足的進步를 促홈이러라 慕爾丁이 일즉 帝를 批評ㅎ야 曰 帝 눈 露西亞國民의 風俗과 習

聖彼得大帝傳

을 奉行치 아니 ᄒᆞ야 罰金을 納ᄒᆞ면서 舊習을 固持ᄒᆞ는 者ㅣ 多ᄒᆞ더라

○帝는 써 ᄒᆞ되 人智를 啓發ᄒᆞ야 俊秀를 養成코져 ᄒᆞᆯ진디 必須 學校를 設立지 아니 치 못 ᄒᆞ거시라 ᄒᆞ야 於是에 其 敎育은 宗敎家에 專委ᄒᆞ다가 ᄀᆞ장 便利치 아니ᄒᆞ고 莫斯利와 彼得堡에 高等學校를 設立ᄒᆞ고 又 各縣에 結婚의 能力이 無ᄒᆞᆫ 小學校를 建立ᄒᆞ고 士族의 就學을 强制로 獎勵ᄒᆞ기 爲ᄒᆞ야 無學ᄒᆞᆫ 士族은 結婚ᄒᆞ는 能力이 無ᄒᆞᆷ으로 布告를 發ᄒᆞ고 其他 海陸軍大學校를 設ᄒᆞ며 醫學校와 施藥院을 置ᄒᆞ고 解剖學講社를 粉設ᄒᆞ며 天文臺를 造ᄒᆞ야 日蝕의 理를 辨明ᄒᆞ야 人民의 迷惑을 解ᄒᆞ며 植物園을 設立ᄒᆞ고 宇內 各種의 珍草佳木을 蒐輯ᄒᆞ고 各種 事業을 括揽 經營ᄒᆞ야 文化의 輸入을 計圖ᄒᆞ고 又 獨逸學者 來布尼非의 勸告를 從ᄒᆞ야 技藝大學을 創設코져 ᄒᆞ다가 不幸히 其 事業을 未成ᄒᆞ야 其人이 先死ᄒᆞ러라 ᄒᆞ고 帝ᄯᅩ 써 ᄒᆞ되 文明의 基礎를 確立코져 ᄒᆞᆯ진디 文武의 力이 반다시 相件ᄒᆞᆫ 然後에 可也ㅣ라 ᄒᆞ고 몬져 徵兵令을 施行ᄒᆞ시 各地 精英을 廣募ᄒᆞ야 陸軍은 專혀 獨逸을 準ᄒᆞ고 海軍은 和蘭을 倣ᄒᆞ야 各要害處에 大分營을 設置ᄒᆞ고 恒常 數十萬의 貔貅를 蓄ᄒᆞ더라

○當時에 貴族이 크게 跋扈ᄒᆞ야 皇帝를 廢立ᄒᆞ는 權이 迫히 彼等의 掌中에 在ᄒᆞ지라 帝

聖彼得大帝傳

兩斷하는決心으로改革을實行하엿더라

○帝는每日에諸官衙의門前에揭示하야諸法律의遵奉을極히嚴格으로命令하며法律中에些少缺點의見出이若有하면早夜不懈하야此를改正하며帝는又奇妙한禁斷命令을發布하야鬚을蓄하는者를嚴禁하더라然이나當時露國의風習이長鬚으로써神聖의修飾이라하는故로人民等이其命令을容易히服從치아니하니不得已하야巡査及兵卒들을命하야路上에서蓄鬚者를遭하거든其鬚을直切以去하되若其鬚을強히保有코져하는者ㅣ有하거든千稅金을納케하고一小紀章을與하야恒常其實에佩帶케하야써別之하고帝도일즉此禁을躬犯하야莫大한罰金을支拂한事가有하다云하며帝는又奢侈를矯制하기爲하야人民의長裾를着한者와又許多한家僕을從伴하야戶外에出하는者를嚴禁하고져하는者는必先自治함이爲要ㅣ라하야帝는屢屢히單身獨步로市街를逍遙하야써自由安樂의滋味를示하고又當時年曆이크게錯雜하야人民이適用할바를失한다하야舊曆의九月一日로元旦을廢止하고此를代하야正月一日로써元旦을定하엿스나然이나人民이頑冥하야命

將次維也納를辭호고伊太利로向호려홀時에本國에셔射擊隊가亂을再起호야帝의
開化主義를反對호는貴族等과相謀호야帝를廢호고素比亞를皇位에立코져호눈報
를聞호고急히維也納을離發호야伊太利를經호야本國에歸홀시邊尼斯에至호야本
國의亂은哥爾敎將軍이旣已鎭定홈을聞호고稍稍安心호나雖然이나其叛徒를速히
處分코져호야九月十九日에莫斯科에到着호니市民等의歡迎홈을受히
言기難호더라帝눈爲先叛徒를嚴罰에處호고射擊隊를全廢호고且素比亞를幽閉호
야更히國事에干預홈을禁호니自是로非常호熱心과快斷으로써內治를改革호야彼
의素志를貫徹호더라

第六章 彼得의內治改革

此改革은人文發達의新紀元이되니露西亞帝國은彼得의大改革을因호야一新紀元
을做호엿다謂호여도亦非過言이로다帝가西歐先進國을廣巡호야新智識을了得호
고此를活動호야自國內治의釐革을計圖호야彼가伊太利로브터歸國호셔一時에西
歐의文明을輸入코져호야風俗上이며思想上이며學問上이며技藝上을一切로一刀

樣을 叙하며 日玆에 人民이 蝟集하야 不潔호 家屋이 잇는디 露帝는 此에 室하야 主公의 書庫와 相鄰하고 食堂은 書齋와 相對하엿는디 晝則十點鍾에 食하며 家에 在호 時時로 服裝을 換着하고 英王을 訪問하며 夜則六點鍾에 食逍遙獨樂하더라 엇스며 英王은 屢屢히 帝를 宴待하며 又帝의 費用을 悉皆支辦하더라

彼得은 此造船所에 在하야 餘暇에 數學과 航海術과 解剖學을 一切로 學得하니라

○彼得은 周遊하는 際에 偉人名士와 交際하는 機會를 失치 아니함으로 當時英吉利名士들은 帝의 紹介가 되여 多數의 技術者及醫師等을 招聘하는디 奔走하며 坐英王도 彼得과는 恒常親密하게 交際하엿스니 當時에 英王이 帝에게 贈與호 英王의 肖像은 倫今巨廉列弗殿繪畵室에 在하다云하더라

○帝는 英國海軍의 制度와 軍艦과 商船의 製造法等의 調査를 畢하고 倫敦附近에 名所舊跡을 探호 後에 航海者及技術者五百餘名을 雇聘하고 此를 帶同하고 英國을 辭호 後에 和蘭安特坦府에 至하야 公使의 一行과 相合하야 墺國維也納에 至하야 其國王을 謁호 後에 共相連合하야 土耳其征服호 事를 謀하다가 他故가 有하야 其要領을 不得하민

如호時라彼得이이에英國의造船術도視察코져호야公使等을蘭國에止케호고單身으로英國에渡航호니時는一千六百九十八年正月이러라彼는倫敦에到着호야一個人의待遇를求호나英政府는特히彼를爲호야西民斯連橋傍에在호容克是爾坦下에셔住居케호고大優待를與호거늘彼得은几百奢侈호待遇는皆却而不受호고又其目的을失호가恐호야未幾에列的傍士에移住호니라
○帝는此에轉住홈으로브터耳目이渾然壯快치아님이無호니砲壘의武器와造幣局의貨幣와國會의議事堂과演劇의景況과會堂의禮拜와大學의組織等을仔細히點檢호고又卑賤호業務를厭치아니호고自身을製紙所와鋸木所에도屈호고又製絢所工人도作호엿더라彼得이嘗語人日朕이만일英國에寄留치아니호엿더면生涯貿易의何物을知치못호엿스리라호더라彼得이列的傍土에서有名호씰버(銀)創造者英邊隣의家에寓호니當時英邊隣의日記에彼得의行動을記호엿눈디曰彼得은我邦의造船術을知호기爲호야英王의朝廷에居住치아니호고余의家에在호야是를英王이給호宮殿으로思호다호엿고又其僕이彼의主人英邊隣에게寄호書中에帝의生活호눈貌

聖彼得大帝傳

帝의 身分됨을 全市民이 皆知호바ㅣ되민 彼는 任意로 市街에 裵回홈도 不能호더라 適會에 禮甫爾得의 一行이 丁抹國으로서 和蘭에 來호야 安特坦府에 着홈을 聞호고 速히 當市를 離호야 他處로 移홈만 不如호다호고 急히 安特坦府에 往호엿더니 然이나 當市에서도 露國皇帝의 滯留혼 事를 旣知홈으로 人民等이 欸待혼다 云호거늘 彼는 此를 避호고 日月만 徒費치 아니호고 潜心호야써 造船의 景況을 調査호기 爲호야 此에 數週 日을 滯留호다가 東印度會社長의 承諾을 得호야 其造船所에 入호는지라 彼는 此를 痛他 職工輩는 彼의 露國皇帝되는 事를 知호고 時로 聲敬의 意를 表호는니 히 拒絶호더라 茲에 在호지 數月에 聖彼得號ㅣ라 稱言는 一船을 作호야 此를 同國王族에게 賣호고 其間에 住所를 屢屢移轉호야 畫則造船所에 在호야 勞役을 執호고 夜則旅 館에 在호야 政治를 閱覽호며 又本國貴族과 通信호고 公使禮甫爾德과 協議호야 蘭政 府와 條約을 訂定호고 造船職工과 其他百般技藝 十二百餘名을 雇호야 本國으로 送遣 호니라

○當時에 英國은 造船航海의 術이 蘭國의 次에 位호야 國勢가 駸駸然旭日이 始昇홈과

聖彼得大帝傳   41

人으로知ᄒᆞ야彼에게關ᄒᆞᆫ風說이全市에一時廣布되엿더라一日은彼ㅣ製紙場을玩覽ᄒᆞ다가其機械를注目ᄒᆞ고桶中으로브터親히練紙屑을取出ᄒᆞ야卽時良美ᄒᆞᆫ紙를製造ᄒᆞ니場主가此를見ᄒᆞ고嘆賞ᄒᆞᆷ을不止ᄒᆞ거ᄂᆞᆯ彼得이亦大喜ᄒᆞ야出ᄒᆞᄂᆞᆫ金貨一「ᄯᅡ널」을取出ᄒᆞ야場主에게與ᄒᆞ니衆人이此를見ᄒᆞ고彼를評論치아고ᄒᆞᄂᆞᆫ者ㅣ無ᄒᆞ더라一日은工場으로서歸ᄒᆞᄂᆞᆫ街로就ᄒᆞ야梅實을買ᄒᆞ야食ᄒᆞ며行ᄒᆞ거ᄂᆞᆯ兒童들이左右에隨行ᄒᆞ며梅實을分給ᄒᆞᆷ을請ᄒᆞ거ᄂᆞᆯ彼卽分給ᄒᆞ다가梅實의數가不足ᄒᆞ야彼에게至ᄒᆞ니彼가兒輩에게均分치못ᄒᆞ니兒輩가極口辱罵ᄒᆞ며土塊를投ᄒᆞ야彼가非常ᄒᆞᆫ困辱을受ᄒᆞ고旅舍로馳歸ᄒᆞ엿더라自是로常市의府廳에셔ᄂᆞᆫ彼의奇貴ᄒᆞᆫ人언슬을己知ᄒᆞᆫ故로市中에發令ᄒᆞ야此에寄寓ᄒᆞᆫ外國人에게無禮히ᄒᆞᆷ을嚴禁ᄒᆞ니於是에市民이奇異ᄒᆞᆫ思를抱ᄒᆞ고彼의風采를見코져ᄒᆞ야每日幾十人이基斯篤의邸에至ᄒᆞ니基斯篤ᄂᆞᆫ衆人을對ᄒᆞ야ᄂᆞᆫ莫斯科의木工으로셔此에來寓ᄒᆞᆫ者ㅣ라言ᄒᆞ니彼의妻가其夫의虛言ᄒᆞᆷ을聞ᄒᆞ고忍耐不住ᄒᆞ야드디여彼得은卽露國皇帝라公言ᄒᆞᆷ에至ᄒᆞ지라自是로彼得이皇

彼得大帝傳

目擊ᄒᆞ며感激心이自生ᄒᆞ야攸措를不知ᄒᆞ니彼의目的을達ᄒᆞᆯ바는實노此地에在ᄒᆞ다ᄒᆞ고드듸여造船術을躬自實習ᄒᆞ기로決心ᄒᆞ고大造船所主人李須士를訪見ᄒᆞ고彼가職工되기를請ᄒᆞ야其承諾을得ᄒᆞ야彼得彌海爾라變名ᄒᆞ고每日造船所에出勤ᄒᆞ니彼는非常ᄒᆞᆫ腕力이有ᄒᆞ고且手工이巧ᄒᆞ야特히主人의愛顧를蒙ᄒᆞ야크게便宜를得ᄒᆞ더라彼는早朝에出ᄒᆞ야豫定ᄒᆞᆫ勞動의時間을終ᄒᆞ고卽時歸途에就ᄒᆞ야市場에서食物을購求ᄒᆞ여基斯篤家에歸ᄒᆞ야此를割烹ᄒᆞ며彼는舟遊를最好ᄒᆞ야時時로異形의舟具를發明ᄒᆞ야此를運河에試ᄒᆞ더라

○彼는當地에在ᄒᆞ야其身의偉嚴을務圖隱匿ᄒᆞ나然이나彼의平常ᄒᆞᆫ行動도自然世人이推訝ᄒᆞᆷ을抱ᄒᆞ는ᄃᆡ彼는嘗三百留의大金額을拋ᄒᆞ야一輕舟를購ᄒᆞ니故로市民等은彼가尋常ᄒᆞᆫ職工이아니오殷高ᄒᆞᆫ人으로曉ᄒᆞ더라又每早에露國高等官이彼의住所에必來ᄒᆞ야彼와公事를議ᄒᆞ는ᄃᆡ彼의其首長과恰似ᄒᆞ야高聲으로此를可否ᄒᆞ고露人은彼를畏敬ᄒᆞ야惟命是從ᄒᆞ는지라是等의光景을目擊ᄒᆞᆫ者ᅵ皆彼를高貴ᄒᆞᆫ

傍ᄒ야 容貌가 美麗ᄒ고 氣骨이 長大ᄒᆫᄃᆡ 頭上에ᄂᆞᆫ 黑色革帽子를 戴ᄒ고 赤絨의 上衣와 白紗의 廣袴를 着ᄒ고 芫爾而笑ᄒ며 凝視ᄒᆞᆷ을 見ᄒ며 彼得帝러라 크게 其奇遇를 驚訝ᄒ며 爲先自己住家로 引導ᄒ니 彼得이 暫時其家에 寄寓ᄒ야 其來遊ᄒᆞᆷ을 秘密不洩ᄒ라 命ᄒ니 基斯篤이 此를 堅守ᄒ고 寢室로 延入ᄒ야 厚待ᄒ시 彼得이 其居室을 見廻ᄒ니 基斯篤은 貧窮ᄒᆞᆷ을 不拘ᄒ고 裝飾이 美麗ᄒ고 臥床을 準備ᄒ거ᄂᆞᆯ 彼得이 此를 無用의 長物이라 ᄒ고 斧를 取ᄒ야 此를 解去ᄒ고 시로机와 椅子各一個를 造ᄒ야 帝셰를 엿ᄉᆞ니 當時彼得帝의 宿泊茅屋은 至今지 撒亞爾大漠에 猶在ᄒ다云이러라

〇 彼得은 基斯篤을 心腹으로 定ᄒ고 每日 市街에 裵回ᄒ야 方方曲曲에 視察을 不遺ᄒ니 地雖狹隘ᄒ나 市街ᄂᆞᆫ 甚是淸潔ᄒᆞᄃᆡ 高屋大廈ᄂᆞᆫ 鱗次櫛比ᄒ고 運河에 各國商船이 充滿ᄒ야 帆檣이 林立ᄒ엿고 沿岸에 造船場과 各種製造所가 羅列ᄒ엿ᄂᆞᆫᄃᆡ 水車의 聲과 鐵椎의 響이 轟轟丁丁ᄒ야 恒常人의 耳目을 驚動케 ᄒᆞᄂᆞᆫ지라 深深一見ᄒ고 其商工業의 繁盛ᄒᆞᆷ을 稱嘆ᄒ더니 又 市民等의 勤勞를 重히 ᄒ야 一分光陰을 徒費치 아니ᄒᆞᆷ을

聖彼得大帝傳

코져ᄒᆞ나 然이나 當地에ᄂᆞᆫ 著名ᄒᆞᆫ 造船場이 無ᄒᆞᆷ으로 隣國 和蘭에 更赴ᄒᆞ기로 決心ᄒᆞ고 盖 和蘭은 當時에 最强盛ᄒᆞᆫ 海軍國으로 老鍊ᄒᆞᆫ 航海者가 多出ᄒᆞ고 且 善良ᄒᆞᆫ 造船職工을 諸外國에 供給ᄒᆞ야 其名聲이 天下에 已聞ᄒᆞᆷ이러라

○帝ᄂᆞᆫ 禮甫爾德과 其他 多數의 隨行者를 帶ᄒᆞ고 海路로 從ᄒᆞ야 和蘭國 安特坦府에 着ᄒᆞ니 和蘭國政府ᄂᆞᆫ 甚히 優待ᄒᆞ나 然이나 彼得은 專혀 謙遜辭讓을 尙ᄒᆞ야 只是 一個人民으로 待遇ᄒᆞᆷ을 望ᄒᆞ더라 帝ᄂᆞᆫ 此府에 在ᄒᆞ야 其所見 所聞이 皆 新奇 活潑치 아닌 者ㅣ 無ᄒᆞ니 混沌ᄒᆞᆫ 舊世界로 從ᄒᆞ야 光明ᄒᆞᆫ 新世界에 出ᄒᆞᆷ과 恰似ᄒᆞ더라 每日에 周邊을 圍繞ᄒᆞ야 千百의 技術 商業 物産 等을 ᄀᆞ쟝 潛心 細察ᄒᆞ고 該府西方 五哩되는 撒亞里大漠은 自來 造船術로ᄡᅥ 有名ᄒᆞᆫ 地方이라 爲先 此를 視察코져 ᄒᆞ야 暫時 安特坦府를 離ᄒᆞ야 輕舟를 艤ᄒᆞ고 撒亞爾大漠港에 入ᄒᆞ야 將且 上陸ᄒᆞ실ᄉᆡ 岸에 近ᄒᆞ야 一小舟를 棹ᄒᆞ고 鱸魚를 釣ᄒᆞᄂᆞᆫ 和蘭國人이 有ᄒᆞᆫ 지라 帝ㅣ 熟視之ᄒᆞ니 認是 曾於 莫斯科에서 鍛工으로 使役ᄒᆞ던 客留理富基斯篤이라 驚喜를 不勝ᄒᆞ야 不意에 其名을 呼ᄒᆞ니 其人이 驚顧 視之則 一個 赴越ᄒᆞᆫ 壯年男子가 在

聖彼得大帝傳

을 巡覽ᄒᆞ더라 時에 普魯士王이 其一行中에 彼得이 在ᄒᆞᆷ을 聞ᄒᆞ고 直時使를 遣ᄒᆞ야 其
眞否를 問ᄒᆞᆫ디 帝ᄂᆞᆫ 微行의 身이라 公式으로 會見ᄒᆞ미 不可ᄒᆞ지라 遂於夜半에 王을 私
訪ᄒᆞ니 王이 大悅ᄒᆞ야 各種遊藝로ᄡᅥ 帝를 慰勞ᄒᆞ고 自此로 兩君이 頻相往來ᄒᆞ야 交情
이 甚密ᄒᆞ엿더라 帝ᄂᆞᆫ 獨逸에 在ᄒᆞᆫ지 一月餘에 遂發程ᄒᆞ야 丁抹國都城에 達ᄒᆞ니 適會
에 女皇素比亞及皇女加爾路體가 當地殷濃場에 來ᄒᆞᆫ 故로 洽得會見ᄒᆞ니라

○帝ᄂᆞᆫ 好事의 癖이 有ᄒᆞ야 一度珍奇의 物을 見ᄒᆞ면 此를 必精細히 注意ᄒᆞ더니 一日은
市街에 散步ᄒᆞᆯᄉᆡ 貴婦人이 腰間에 琺瑯時計를 帶ᄒᆞᆫ 者를 見ᄒᆞ고 大奇之ᄒᆞ야 黙然直前
ᄒᆞ야 時計를 獨ᄒᆞ고 暫時凝視而去ᄒᆞ고 又佛蘭西式假髮을 帶ᄒᆞᆫ 女人이 王室高官과 相
遇談話ᄒᆞ옴을 見ᄒᆞ고 甚奇之ᄒᆞ야 其假髮을 無禮히 剝取ᄒᆞ야 一見ᄒᆞᆫ 後에 呵呵大笑ᄒᆞ고
路傍에 放擲ᄒᆞ더라

○帝ᄂᆞᆫ 恒常各種製造場을 巡視ᄒᆞ야 此內部의 事情을 通曉ᄒᆞ며 外人을 遇ᄒᆞ면 必各種
의 訊問을 試ᄒᆞ야 蒙昧ᄒᆞᆫ 人民을 如何히 文明에 導흠을 攻究ᄒᆞ며 几帝의 熱心觀察코져
ᄒᆞᄂᆞᆫ 바ᄂᆞᆫ 海事에 在ᄒᆞᆫ지라 海軍國의 造船ᄒᆞᄂᆞᆫ 景況을 目擊ᄒᆞ고 其技術을 躬自學習

聖彼得大帝傳

己의 誤를 始悟하고 彼와 吻을 接하며 其過失을 謝하더라

○自此로 彼得은 急히 漫遊의 途에 上하고 저 하야 政權을 擧하야 貴族 弗吉利比 致와 那利斯金 兩人에게 委托하고 慕利斯哥 李淸侯로 莫斯科 市長을 任하야써 帝의 不在中에 國事를 司케하고 又禮甫爾德及哥洛和隱으로써 特派 大使를 拜하고 帝는 스스로 其 隨員이 되여 總員 二百有餘名이 一行을 作하야 一千六百九十七年 孟秋에 莫斯科를 離 發하야 獨逸로 向하니 彼得의 得意함을 可히 想像이러라 然이나 彼는 大學校에 入學하 기를 爲함도 아니오 無盆의 語學을 硏究하기를 爲함도 아니라 唯活潑한 智識을 世界에 求하기 爲함이러라

○彼의 一行이 波蘭을 過하야 利俄에 安着하야 帝從暇隙하야 從者로더브러列國의 形勢를 談論하며 或彼等을 伴하야 市街에 徘徊하야써 人情과 風俗을 探知하고 或兵營과 砲臺와 火藥庫 等을 視察하야 크게 新智識을 得하엿더라 此에서 一週日을 滯留하다가 遂辭起程하야 獨逸 客尼克 倍路克에 到하니 禮甫爾德의 舊友 某侯는 一行을 歡迎하 야 到底 優待하나 然이나 帝는 此를 避하고 홀노 市街에 徘徊하야 學校와 病院과 兵營 等

聖彼得大帝傳

朕은 今夕에 宴會를 罷ᄒᆞ고 歸路에 窓牖間으로 燈光이 漏ᄒᆞᆷ을 見ᄒᆞ니 必也 酒燕이 有ᄒᆞᆫ가ᄒᆞ야 來叅코져ᄒᆞᆷ이로라

叛徒中에 一人이 答曰

臣等은 小飮으로 爲樂코져ᄒᆞ야 此에 會集ᄒᆞᆯᄲᅮᆫ이오 敢히 他意가 有ᄒᆞᆷ은 아니오니 願ᄒᆞ건딕 帝ᄂᆞᆫ 恕罪ᄒᆞ소셔

帝曰 此事ᄂᆞᆫ 誠善ᄒᆞ다 然則 朕에게도 一觴을 及ᄒᆞ라

素哥弗寧이이에 酒를 進ᄒᆞ며 康寧ᄒᆞᆷ을 祝ᄒᆞᄂᆞᆫ지라 此時에 帝ᄂᆞᆫ 近衛隊長의 來還ᄒᆞᆷ을 訝ᄒᆞ며 種種奇談快謔을 試ᄒᆞ야 時間을 移ᄒᆞ더니 叛徒等이 此好機會를 逸ᄒᆞᆯ가 恐ᄒᆞ야 暗號를 互用ᄒᆞ야 一時에 毆擊코져ᄒᆞᆯᄉᆡ 一人이 起ᄒᆞ야 素哥弗寧에게 時間이 旣到ᄒᆞᆷ을 告ᄒᆞᄂᆞᆫ지라 素哥弗寧이 不忍憤怒ᄒᆞ야 怒眼이 裂眦ᄒᆞ며 厲聲疾呼曰 然ᄒᆞ다 朕의 時도 亦已 到矣라

ᄒᆞ고 直進ᄒᆞ야 素哥弗寧을 枕上에 擊倒ᄒᆞ고 大聲疾呼ᄒᆞ야 帝ᄂᆞᆫ 彼의 運滯ᄒᆞᆷ을 大怒ᄒᆞ야 長이 情兵을 率ᄒᆞ고 室內에 闖入ᄒᆞ야 其徒黨을 悉捕ᄒᆞ니 近衛隊拳을 擧ᄒᆞ야 彼를 打ᄒᆞ니 彼ᄂᆞᆫ 帝의 足下에 俯伏ᄒᆞ야 時刻을 記ᄒᆞᆫ 令狀을 示ᄒᆞ니 帝乃 自

聖彼得大帝傳

야 誘惑ᄒᆞᄂᆞᆫ도다 ᄒᆞ고
帝를 怨望ᄒᆞ나 然이나 帝ᄂᆞᆫ 彼等의 言을 不恤ᄒᆞ고 直地 出發코져 ᄒᆞ야 普列伯拉善斯克에 在ᄒᆞᆫ 殿甫爾得의 家에 至ᄒᆞ야 餞別宴을 盛設ᄒᆞ고 惜別의 懷를 言ᄒᆞ며 酒를 相勸ᄒᆞ야 半酣에 至ᄒᆞ엿ᄂᆞᆫᄃᆡ 忽然 一人이 帝ᄭᅴ 奏曰 今에 射手 二人이 來ᄒᆞ야 密奏ᄒᆞᆯ 事ㅣ 有ᄒᆞ다 ᄒᆞᄂᆞ이다 帝 卽 此를 招見ᄒᆞ니 射手 等이 奏曰 射擊隊長 智克列이 素哥弗寧 等과 相謀ᄒᆞ고 今宵에 宮殿에 放火ᄒᆞ야 帝를 燒殺코져 ᄒᆞᄂᆞ이다 帝 此를 聞ᄒᆞ고 怒色을 不顯ᄒᆞ며 近衛隊長을 命ᄒᆞ야 今夜 十一 點에 素哥弗寧의 邸宅을 圍ᄒᆞ야 一人도 逸치 못ᄒᆞ게 ᄒᆞ라 ᄒᆞ고 宴席에 再列ᄒᆞ야 談笑 如初ᄒᆞ며 擧杯 自若ᄒᆞ다가 客과 共히 散ᄒᆞ더라 時에 叛徒 等은 素哥弗寧 邸內 奧室에 集ᄒᆞ야 陰謀를 擬議 旣熟ᄒᆞ고 將發코져 ᄒᆞᆯ 시 有一人이 排闥 直入ᄒᆞ거ᄂᆞᆯ 衆人이 失驚 視之ᄒᆞ니 乃 彼得帝也ㅣ라 至此ᄒᆞᆷ을 覺圓ᄒᆞ엿스리오 帝 乃 含笑 進來ᄒᆞ야 彼 奸徒 等에게 謂曰
汝等이 此深夜 相會ᄒᆞᆷ은 何事를 做코져 ᄒᆞᆷ이뇨
衆皆 驚駭ᄒᆞ餘ㅣ라 一言을 能發치 못ᄒᆞ거ᄂᆞᆯ 帝 乃 復言曰

聖彼得大帝傳

 호敎師와 職工을 養成홈이 寧爲善策이라 호야 前後數回의 留學生을 派遣호엿스나 彼等은 外國語들을 未熟홈으로 十分研究를 不能호고 或은 放蕩怠惰호야 中途에 廢學歸國호는者ㅣ多호야 囑望호고 派遣호 計畫도 滿足호 結果를 終不得見호지라 於是에 飜然覺悟홈이 有호니 親히 歐州諸國에 遊歷호야 各處에 名工技術家를 雇聘호야 이에 本國에 送호야 職工을 養成호고 且製鐵과 造船과 製紙等事業을 躬自練習코져 호야이에 西歐漫遊의 事를 遂決호고 一日은 羣臣을 會集호고 說明日

朕이 不肯호야 治國의 道를 不知호니 日夜로 此를 思호민 寢食에 不安호 바ㅣ有호자라 수에 莫斯科及全國의 政治를 暫時卿等에게 委任호고 朕은 親히 外國을 巡視호야 多大호 所得이 有홈을 期홀가 호노라

羣臣이 此를 聞호고 모다 意外로 驚訝호야 彼를 挽留코져 호고 又莫斯科市民들은 帝의 遠遊를 크게 慨歎호여 日

嗚呼ㅣ라 彼의 得은 正敎徒의 帝가 아닌가 엇지호야 我等을 捨호고 岐敎徒의 國에 赴코져 호는가 思惟컨디 帝는 必也歸國지 아니홀진더 嗚呼 惡哉라 回回敎徒여 帝를 欺호

에서 此를 逆擊ᄒᆞ나 然이나 彼等은 前日 露軍의 敗歸ᄒᆞᆷ을 笑ᄒᆞ야 驕傲蔑視ᄒᆞᆫ 故로 防備가 不固ᄒᆞ야 一戰에 露軍에게 敗ᄒᆞᆫ 바ㅣ되여 軍門에 遂降ᄒᆞ거늘 於是에 彼得이 阿素富를 占領ᄒᆞ야 黑海岸頭에 露國의 良港을 作ᄒᆞ고 强盛ᄒᆞᆫ 海軍을 猶興ᄒᆞ야 將來에 土耳其를 幷呑ᄒᆞᆯ 計畫을 定ᄒᆞ고 又 以爲ᄒᆞ되 海軍을 盛케 ᄒᆞ고져 ᄒᆞᆫ즉 더 老練ᄒᆞᆫ 將校를 養成ᄒᆞᆷ이 可ᄒᆞ다 ᄒᆞ고 貴族의 子弟를 多數選拔ᄒᆞ야 伊太利와 英吉利와 波蘭에 分遣ᄒᆞ야 航海와 造船의 術을 學習케 ᄒᆞ니 是는 後來 露國海軍의 强盛을 致ᄒᆞᆫ 基礎ㅣ니 露國歷史上에는 寶노 特筆大書ᄒᆞᆯ 바ㅣ러라

第五章 彼得의 外國漫游

○彼得은 百般의 事業을 刱設코져 ᄒᆞ야 或 礦山을 開鑿ᄒᆞ고 或 銃砲를 鑄造ᄒᆞ고 或 兵士의 着用ᄒᆞᄂᆞᆫ 羅紗를 織出ᄒᆞ며 或 人民의 敎育을 爲ᄒᆞ야 印刷業을 盛大히 ᄒᆞ야 書籍刊行의 增殖을 試코져 ᄒᆞ니 露國人民中에 是等業務를 擔任에 適當ᄒᆞᆫ 職工이 無ᄒᆞ야 一히 外國人을 聘用ᄒᆞ면 莫大의 費用을 浪ᄒᆞᆯ 터이오 抑自國勞働者之生計의 前途ㅣ 絶塞ᄒᆞᆯ 慮가 有ᄒᆞᆫ 故로 留學生을 諸外國에 派遣ᄒᆞ야 各 各專門의 學術과 技藝를 學ᄒᆞ야 써 完全

이 港內에 旣泊호지라 帝乃大悅호야 卽以此爲旗艦호고 他船舶을 合호야 一艦隊를 編成호고 舳艫相連호야 白海로 向홀시 信號法을 親自發明호야 屢屢試之호야 好結果를 得혼지라 急히 航行을 命호야 莫斯科로 向호는 途中에셔 大演習을 擧行호니 於是에 露國海軍이 發達호야 一生面을 啓호니 帝乃心滿意快호야 스스로 黑海上에셔 伯王을 作코져 호야 出其不意호고 土耳其領阿素富를 攻擊호다가 其防備가 堅固홈으로 能히 援치못호고 恨을 呑호고 莫斯科에 歸호니 時는 一千六百九十五年이러라 翌年春二月에 至호야 皇兄伊般이 發狂의 症으로 崩호니 爾後로 彼得이 獨裁의 皇帝가 되여 萬事를 如意斷호을 得호더라 此時를 當호야 帝가 幼時로브터 訓鍊호던 遊戲隊는 漸漸增加호야 旣히 七萬五千의 勇兵을 合有호故로 陸軍을 大擴張호야 頁히 騎兵隊와 野戰砲兵隊를 新設호고 獨逸士官을 雇聘호야 此를 鍊習케 호니라

○彼得은 阿素富를 再擊호야 前日不勝의 耻를 雪코져 호야 寤寐에 不能忘이러니 軍備가 稍稍整頓호미 遂決意호고 船을 頓河의 下流布妻尼津에 集合호고 一千七百九十六年五月에 河水가 大漲홈을 乘호야 江을 下호야 阿素富를 向호니 土耳의 海軍은 頓河口

聖彼得大帝傳

轉ᄒᆞ야 河口에 近ᄒᆞ엿스나 風勢가 益加ᄒᆞ야 動ᄒᆞ면 船이 岩礁에 觸ᄒᆞ危險이 有ᄒᆞᆯ뿐이라 帝ᄂᆞᆫ 此ᄅᆞᆯ 見ᄒᆞ고 忍耐不住ᄒᆞ야 阿多普의 握ᄒᆞᆫ 舵ᄅᆞᆯ 取ᄒᆞ야 自御코져ᄒᆞᄂᆞᆫ지라 一大聲叱咤曰 快去ᄒᆞ고 소셔 帝旣以乾坤委之矣시니 勿復出手以妨臣ᄒᆞ소셔 帝乃一言을 不敢應ᄒᆞ고 茫然伫立ᄒᆞ엿더니 幸히 船이 虎口ᄅᆞᆯ 免ᄒᆞ야 伯德民斯克修道院의 河岸에 安着ᄒᆞ지라 帝ᅵ阿多普의 技能을 大加稱賞ᄒᆞ고 大宴會ᄅᆞᆯ 設ᄒᆞ야 彼ᄅᆞᆯ 慰勞ᄒᆞ고 共히 安全ᄒᆞᆷ을 視ᄒᆞ고 阿多普에게 向ᄒᆞ여 曰 汝ᄂᆞᆫ 船中에셔 我ᄅᆞᆯ 叱홈을 知ᄒᆞᄂᆞ뇨 阿多普ᅵ大驚怖ᄒᆞ야 帝의 足下에 俯伏ᄒᆞ야 其罪ᄅᆞᆯ 謝ᄒᆞ니 帝乃慰撫ᄒᆞ여 曰 兄弟여 汝ᄂᆞᆫ 安心ᄒᆞ라 若未熟ᄒᆞᆫ 人이 喙만 徒容ᄒᆞ엿스면 朕이 곳 汝와 ᄀᆞᆺ치 叱斥ᄒᆞ엿슬지나 此ᄅᆞᆯ 汝에게 對ᄒᆞᄂᆞᆫ 能爲치 못ᄒᆞᄂᆞᆫ 바ᅵ니 汝ᄂᆞᆫ 安心ᄒᆞ라 ᄒᆞ고 彼乃起ᄒᆞ야 阿多普와 接吻ᄒᆞ고 海水에 浸濕ᄒᆞᆫ 衣服을 彼에게 與ᄒᆞ야 以此로 後日에 記念을 作ᄒᆞ라 ᄒᆞ고 又修道院 河岸에 十字架ᄅᆞᆯ 立ᄒᆞ고 「耶蘇降生一千六百九十四年 船長彼得建之」의 字等을 蘭語로ᄡᅥ 記ᄒᆞ니라

○彼得이 修道院에 入ᄒᆞ야 聖靈의 禮拜ᄅᆞᆯ 畢ᄒᆞ고 阿蘭谿利斯克에 歸航ᄒᆞ니 新造軍艦

聖彼得大帝傳

多伊厚斯基侯로海軍總長을合고且伯道林及哥爾敎으로其副長을任ᄒ고帝는船長의職에自就ᄒ엿더니同年秋에莫斯科에歸ᄒ니其間에母后那達利亞가急病으로써崩御ᄒ지라嗚呼ㅣ라人生斯世에不能無風樹之感이라悲哀가骨髓에徹ᄒ야追懷의情을不堪ᄒ나然이나國事가漸漸多端ᄒ매徒以愧歎으로時日을費ᄒ기難ᄒ지라遂於翌年春에自造ᄒ輕舟를乘ᄒ고阿蘭谿利斯克에再到ᄒ야先時에和蘭에注文ᄒ四十四門의巨砲를備ᄒ大軍艦의到着홈을俟ᄒ야檢閱코져ᄒ더니該軍艦의入港홀期日이未達ᄒ故로素羅窩伊圖基修道院에詣ᄒ야弗細馬及掃姓的亞의聖靈씌禮拜ᄒ고져ᄒ야大敎師亞華西를從ᄒ야該地에出帆ᄒ셔船이洋中에出ᄒ야忽然颶風이吹起ᄒ믈遇ᄒ야怒濤ㅣ舷을打ᄒ야幾乎獨沒ᄒ境에至ᄒ니衆皆失色ᄒ야既已沈沒ᄒ줄을知ᄒ민器具ㅣ를海中에悉投ᄒ고唯獨彼得은神色이自若ᄒ야船尾에靜坐ᄒ야舵를自操ᄒ고船은狂瀾激浪中으로進行ᄒ니於是에一等水手阿多普ㅣ帝ᄭ勸ᄒ야曰帝여何爲避危오都那伊河口로退ᄒ고져ᄒ나河口에暗礁가散在ᄒ야暴風이有ᄒ時ᄂ此를避ᄒ기甚難ᄒ니이다帝乃以舵로阿多普에게委ᄒ니彼乃進路를

聖彼得大帝傳

帝乃阿蘭 谿利斯克에 久在하야 船舶의 製造와 兵士의 訓鍊에 從事하야 勉勵力行하야 一日도 怠惰함이 無하며 外國人을 接見하며 列國의 形勢를 談論하고 國人을 對하며 貿易과 製造業을 說明하야 晝時도 光陰을 徒費치 아니하고 餘暇가 有한즉 游泳을 試하야 或 輕舟에 帆을 揚하여 航海術을 鍊習하며 或 船中에서 大砲를 發射하야 海戰法을 演習하야써 娛樂을 作하더라

○帝는 指揮官으로 하여곰 水夫를 命令할뿐만 아니라 亦 水夫와 共히 舟繩을 上下하며 或 布帆을 揚卸하고 或 鐵錨를 投拔하야 勞動을 不厭하고 且 船舶의 使用에 關하야는 悉皆 外國 顧問官의 敎訓을 遵奉하야 一度라도 此를 不曾 違誤하는 故로 帝의 航海術이 日上 進步하야 不幾時에 船長의 任을 能堪하는지라 於是에 帝ㅣ 以爲하되 옛다 하야 乃 大船을 하야 露國의 産物과 製造品을 滿載하야 海外 諸國에 輸出함을 得하겟다 하야 更造 大喜하며 愈愈 盆益히 航海를 鍊習하더라 帝는 遠洋에 航海하고 還하야 上陸하면 水夫를 悉集하야 盛筵을 共開하고 談笑歡娛하야 彼等을 慰勞하더라

○如斯히 海軍 設의 事業이 其緒가 漸就하매 乃 以該地로 海軍 根據地를 定하고 路毛

聖彼得大帝傳

命을 不從ᄒ고 逵矮小ᄒᆫ 彼得號를 搭乘ᄒ고 該地에 航行ᄒ니 時年이 二十有一歲에 一千七百九十三年 七月이러라

○帝―該地에 到達ᄒ야 直時 使를 遣ᄒ야 母后ᄭᅦ 其違命ᄒᆫ 罪를 謝ᄒ며 且其安着ᄒᆷ을 報ᄒ니 皇族과 一般國民이 始에ᄂᆞᆫ 帝의 冒險的 航海를 擧皆驚愕ᄒ야 答書를 送ᄒ야 曰皇의 消息을 慮ᄒ야 手書를 送ᄒ야 速히 還御ᄒ심을 乞ᄒ엿거ᄂᆞᆯ 答書를 送ᄒ야 曰吾―汝의 書를 讀ᄒ고 汝의 悲를 知ᄒ노라 汝若悲ᄒ면 吾―何樂을 得ᄒ리오 吾ᄂᆞᆫ 汝의 悲ᄒᆷ을 見ᄒ고 不忍抑懷ᄒ노니 唯願汝ᄂᆞᆫ 決不可爲我悲也ᄒ라

其後에 母后와 皇后ᄂᆞᆫ 帝의 遠行을 大憂慮ᄒ야 頻頻히 彼의 歸殿ᄒᆷ을 促ᄒ거ᄂᆞᆯ 帝又此를 應ᄒ여日

目下船舶을 製造ᄒᆞᆫ 中인즉 其成功을 竢ᄒ야 歸殿ᄒᆯ터이나 其期日은 確報키 未能ᄒ오 唯速成을 是圖ᄒ오며 若船舶이 竣工ᄒ면 其必湏의 器具를 購求ᄒ고 晝夜兼行ᄒ야 莫斯科에 歸謁ᄒ리니 母后ᄂᆞᆫ 不肖의 事를 悲歎치 勿ᄒ소셔 不肖의 身上은 毫無可憂ᄒ니 伏乞諒察ᄒᆞ소셔

을 信任ᄒᆞ야 細事ᄂᆞᆫ 禮甫爾德에게 問ᄒᆞ고 大專ᄂᆞᆫ 哥爾敎에게 求ᄒᆞᄂᆞ니 然이나 彼等은 皆 外國人이라 從來 露國事情에 生疎ᄒᆞᆫ 慮가 有ᄒᆞ야 帝ᄂᆞᆫ 莫斯科의 貴紳等과 親交ᄅᆞᆯ 益結ᄒᆞ야 一事業을 企圖ᄒᆞᄆᆡ 반ᄃᆞ시 彼等에게 諮詢ᄒᆞ야 其利害ᄅᆞᆯ 討議케 ᄒᆞ고 其意見을 採用ᄒᆞ야 此ᄅᆞᆯ 斷行ᄒᆞ며 又露國에 居住ᄒᆞᄂᆞᆫ 獨逸人과 頻頻往來ᄒᆞ야 其 士官을 雇聘ᄒᆞ야 軍兵을 訓練ᄒᆞ고 或 其職工을 備ᄒᆞ야 城砦ᄅᆞᆯ 建築ᄒᆞ고 船舶을 製造ᄒᆞ며 大砲와 銃器ᄅᆞᆯ 盛造ᄒᆞ니 於焉間에 百列亞斯老弗湖畔에 各製造塲이 櫛比ᄒᆞ고 烟筒이 林立ᄒᆞ야 黑烟이 漲天ᄒᆞ고 轟轟ᄒᆞᄂᆞᆫ 聲이 不絕ᄒᆞ며 又克便斯基湖에ᄂᆞᆫ 數個造船所와 船渠ᄅᆞᆯ 新築ᄒᆞ고 帝ᄂᆞᆫ 衆望을 得코저 ᄒᆞ야 時時로 群臣을 招待ᄒᆞ야 大宴會ᄅᆞᆯ 開催ᄒᆞ고 衆客間에 躬自 周旋ᄒᆞ며 彼等과 談笑ᄒᆞ야 其勤勞ᄅᆞᆯ 慰ᄒᆞ며 勸勉ᄒᆞ더라

○時에 彼得은 以爲ᄒᆞ되 海軍을 强盛케 ᄒᆞ고저 ᄒᆞᆯ진ᄃᆡ 唯 造船만 奬勵ᄒᆞᆯᄲᅮᆫ 아니라 其 使用을 習練ᄒᆞ야 兵士의 勇氣ᄅᆞᆯ 皷舞홈이 可ᄒᆞ도다 然이나 莫斯科附近에ᄂᆞᆫ 廣大ᄒᆞᆫ 湖海가 無ᄒᆞᆷᄋᆞ로ᄡᅥ 外國人軍事顧問官數名과 遊戱隊ᄅᆞᆯ 率ᄒᆞ고 北方五百里되ᄂᆞᆫ 白海沿岸 阿蘭谿利斯克을 向ᄒᆞ야 出發ᄒᆞᆯᄉᆡ 母后ᄂᆞᆫ 彼의 水行을 憂慮ᄒᆞ야 陸行홈을 勸ᄒᆞ나 其

聖彼得大帝傳

遂에 止ᄒᆞ고 共히 莫斯科에 歸ᄒᆞ니 彼暴徒等은 素比亞에게 見欺ᄒᆞᆷ을 覺知ᄒᆞ고 反히 彼
를 恨ᄒᆞ며 彼得ᄒᆞᆷ을 慕ᄒᆞ더라 於是에 彼得이 勢를 乘ᄒᆞ야 素比亞의 黨을 全滅코져ᄒᆞ야 其
黨與를 悉皆捕縛ᄒᆞ야 若羅比致等 二三의 巨魁를 死刑에 處ᄒᆞ고 其餘ᄂᆞᆫ 或流竄ᄒᆞ고 或
修道院에 禁錮ᄒᆞ며 或公衆의 面前에셔 責ᄒᆞ딕 如此ᄒᆞᆫ 罪人은 終身토록 皇帝의 仁惠
를 蒙치 못ᄒᆞᆯ 意로 天下에 公布ᄒᆞ고 素比亞ᄂᆞᆫ 修道院에 幽閉ᄒᆞ야 大祭日外에ᄂᆞᆫ 皇族과
其他親友의 相見ᄒᆞᆷ을 不許ᄒᆞ나 然이나 未嘗虐待ᄒᆞ고 淸淨ᄒᆞᆫ 僧房에 處케ᄒᆞ고 且多數의
奴婢를 命ᄒᆞ야 彼를 伏侍케 ᄒᆞ니라

○是時에 彼得이 莫斯科에 在ᄒᆞ야 皇兄 奧德과 共히 萬機를 總裁ᄒᆞ나 然이나 皇兄은
羸弱ᄒᆞ야 視政을 不能ᄒᆞ고 彼得에게 全委ᄒᆞ니 故로 彼得은 權勢를 益振ᄒᆞ야 內治의 改
革ᄒᆞ믈 得ᄒᆞ니 當時에 莫斯科市ᄂᆞᆫ 積年搔擾ᄒᆞᆯ 因ᄒᆞ야 甚히 荒蕪ᄒᆞ지라 몬져 此를 修理
ᄒᆞ야 市街의 秩序를 立ᄒᆞ고 又博識多聞ᄒᆞᆫ 外國人禮甫爾德, 典墨蘭哥爾敎, 伯蘭德及
伯壞斯로써 軍事顧問을 合ᄒᆞ고 軍律을 改定ᄒᆞ고 武器를 購入ᄒᆞ
며 數十艘의 軍艦을 製造ᄒᆞ야ᄡᅥ 軍備의 大擴張을 計ᄒᆞ시 特히 哥爾敎禮甫爾德 二將軍

聖彼得大帝傳

야 一計를 設ᄒᆞ야 射擊隊士官中自己와 最親ᄒᆞᆫ 若羅旅로 致知克列을 命ᄒᆞ야 一般射擊隊에 飛檄을 傳ᄒᆞ야 彼得의 罪惡을 諭布ᄒᆞ고 諸方에 間諜을 遣ᄒᆞ야 人民을 煽動ᄒᆞ야 那利斯金黨을 撲滅ᄒᆞᆯ 計ᄒᆞ더라 然而彼等은 紫比亞의 奸狡를 旣知ᄒᆞᄂᆞᆫ지라 彼의 術中에 陷치 말나 ᄒᆞ고 一人도 叛起ᄒᆞᄂᆞᆫ 者ㅣ 無ᄒᆞ니 紫比亞ㅣ 大失望ᄒᆞ야 更히 其謀를 一變ᄒᆞ야 市街에 浮浪의 徒를 多數募集ᄒᆞ야 一隊를 編成ᄒᆞ야 陽으로 彼得을 擁護ᄒᆞ기를 爲ᄒᆞᆷ을 待ᄒᆞ고 陰으로 窺ᄒᆞ야 彼得을 斬殺코저 ᄒᆞ야 百列亞斯老弗湖에 在ᄒᆞᆫ 彼得의 歸着ᄒᆞᆷ을 待ᄒᆞ다 ᄒᆞ고 行事ᄒᆞ기로 計ᄒᆞ더니 然而此陰謀가 帝의 親友某의 聞호 바ㅣ 된지라 某ㅣ 大驚ᄒᆞ야 直時該地에 馳往ᄒᆞ야 夜半에 其寢室에 入告ᄒᆞ디 事實이 如此ᄒᆞ니 速히 危難을 避ᄒᆞ소서 帝乃寢衣의 換着ᄒᆞᆷ을 不暇ᄒᆞ고 厥에 走ᄒᆞ야 馬를 躍ᄒᆞ야 深林中으로 逃ᄒᆞ시 某ᄂᆞᆫ 帝의 砲를 携ᄒᆞ고 帝를 隨ᄒᆞ야 土路逸의 羅烏拉에 置ᄒᆞ다

○皇女紫比亞ᄂᆞᆫ 此計의 不成ᄒᆞᆷ을 知ᄒᆞ고 反히 彼得에게 謀殺의 嫌을 受ᄒᆞᆯ가 恐ᄒᆞ야 彼得에게 書를 送ᄒᆞ야 莫斯科에 歸ᄒᆞᆷ을 請ᄒᆞ고 드ᄃᆡ여 土路逸에 親往ᄒᆞ야 帝를 相面코저 ᄒᆞ나 帝ᄂᆞᆫ 紫比亞와 相見ᄒᆞᆷ을 不好ᄒᆞ야 使를 遣ᄒᆞ야 紫比亞를 中

호샤 繩索五百丈을 造호야 速히 送호시면 此로써 大船의 工事를 完備호고 卽時 歸侍호리이다 호엿거늘

母后ㅣ 此를 接讀호고 大喜호야 其速歸홈을 爲호야 繩索을 如數히 發送호니 於是에 彼得이 大小二隻의 船舶을 完成호니 彼의 喜悅흠을 可知러라

○時에 皇姊素比亞는 益益 政權을 掌握호야 往往히 專斷의 處置를 行호나 然이나 彼得은 此를 妨碍치 아니호고 日노 遊樂을 恣호니 素比亞ㅣ 此를 見호고 心中에 大喜호야 其變臣 世當德과 謀호야 兵制를 變更호고 國中에 一般 獵師 及 遊食의 輩를 軍隊에 編入호고 且以爲호되 彼得에 從事호야 他念이 無호나 若其 壯年에 至호면 吾의 嫌惡호는 繼母와 體弗吉利 羅比致 那利斯金이 彼得을 勸호야 國政을 專掌케 호이 無疑호니 此時를 當호야 논吾는 髮을 剃호고 尼가 되고저 호야도 不得호리라 호나 然이나 彼得은 公選을 由호야 이미 正統의 皇帝가 되고 千思萬慮호다가 드디여 彼得을 殺害코져 호 흉을 不許흔즉 其志를 容易히 達치 못호고

騷亂을 再起호야 彼得을 排斥호고 獨裁의 女主가 되고저 호야 日夜로 間隙을 窺호나 然이나 彼得은 公選을 由호야 이미 正統의 皇帝가 되고 自己는 皇女ㅣ라 國法이 皇位에 登

聖彼得大帝傳

눈 際라 此를 極히 贊成ᄒᆞ고 直時에 歐度奇間, 世窩德, 羅馬那 普基를 立ᄒᆞ야 皇后 물合ᄒᆞ고 一千六百八十九年 三月에 春風이 淡蕩ᄒᆞᆫ 佳節로 ᄡᅥ 莫斯科에셔 莊麗ᄒᆞᆫ 聖婚式을 擧行ᄒᆞ니 市民이 歡呼祝賀ᄒᆞᄂᆞᆫ지라 此時에 彼得의 勢力은 益益隆盛ᄒᆞ고 素比亞黨 의 運命은 漸漸危機에 迫ᄒᆞ더라

○ 帝ᄂᆞᆫ 百列亞斯老弗湖에 堅冰이 融解ᄒᆞᆷ을 聞ᄒᆞ고 暫時도 安居를 不堪ᄒᆞ야 佳人 을 棄ᄒᆞ고 該地에 再到ᄒᆞ야 前年의 工事를 繼續着手ᄒᆞ더니 後數週日에 皇后의 書簡이 來ᄒᆞ거ᄂᆞᆯ 洽ㅣ披見ᄒᆞ니 曰 我君이여 願急歸ᄒᆞ소셔 姜은 母后의 慈愛를 蒙ᄒᆞ야 安樂無 慈ᄒᆞ여이다 ᄒᆞ엿더라 帝ᄂᆞᆫ 二八未滿ᄒᆞᆫ 皇后의 眞情을 推想ᄒᆞ고 暫時 莫斯科에 歸ᄒᆞ 엿다가 未幾에 該地로 復往ᄒᆞ야 孝々汲汲히 造船에 從事ᄒᆞ나 然이나 母后가 悲ᄒᆞ가 盧ᄒᆞ 야 이에 上書ᄒᆞ야 慰之曰

我母后ᄂᆞᆫ 寂寥ᄒᆞᆷ을 勿悲ᄒᆞ시고 此에 在ᄒᆞ야 日로 心骨을 勞ᄒᆞᄂᆞᆫ 愛子 我를 爲ᄒᆞ야 安全幸福을 祈ᄒᆞ소셔 現今 湖上에 冰解ᄒᆞ고 工事가 大進ᄒᆞ야 小船은 其 工을 已畢ᄒᆞ 고 大船은 將且 完成ᄒᆞ져 나 唯 未備者ᄂᆞᆫ 繩索이니 母后ᄂᆞᆫ 普斯加爾의 普里加特을 命

彼得大帝傳

獵을 勸하여도 一人도 不應하더라 彼得이 此等 郊外散策을 因하야 自國의 賞宴疲弊함을 見하고 以爲호되 隣國瑞典은 我國보다 狹小하나 國富兵强하니 此는 全혀 海陸軍의 整備함故—라 我露國도 만일 海陸軍만 創設하면 國의 富强을 可期할거시니 海軍을 設코저 하면 造船術을 不得不 先講할거시라 하야 百列亞斯老弗湖에 赴코저 하는 志를 勤하고저 하나 然이나 母后의 不許를 慮하야 祈禱를 爲하야 土路逸修道院에 行함으로 母后씌 僞告하니 母后—此를 許諾하거늘 彼得이 伯蘭的과 典黑爾蘭 等을 携하고 該地로 向하야 出發하였더니 後에 母后—其 見欺함을 知하고 크게 念慮하야 其 安全히 歸함을 視하더라 彼得이 百列亞斯老弗에 至하야 日日 早起하야 衆人과 山林에 共入하야 미 斧鉅를 親執하고 樹木을 斫倒하야 船舶의 材料를 收集하더니 未幾에 冬期가 來하야 湖水가 凍結하야 船舶의 製造가 不便하시라 工事를 中止하고 來春을 俟하야 完成함을 期하고 衆人으로 더브러 莫斯科에 共歸하시라 片時라도 心을 陸海軍 創設에 注함을 不歇하더라 時에 彼得이 以爲하되 子孫을 置하야 我의 遺業을 繼承코져 할진디 須先 娶妻함이 可하다 하고 此를 母后씌 告하니 母后도 맛참 良配를 求하야 帝의 遠征心을 絶케하고져

聖彼得大帝傳

易히 彼等 術中에 落ㅎ지 아니ㅎ고 도로혀 彼等을 困苦케 ㅎ고 져ㅎ야 其機會를 俟ㅎ더니 一日은 貴紳等이 相謀ㅎ고 田獵ㅎ음을 勸ㅎ거늘 帝는 快快히 此를 許諾ㅎ엿더니 其出發ㅎ는 日을 當ㅎ야 貴紳等이 數十名의 獵師를 引率以從ㅎ거늘 帝乃 貴紳等을 抑制ㅎ여 曰

朕이 貴紳等으로 共히 遊獵ㅎ음은 許諾ㅎ엿거니와 獵師等의 隨從은 期約지 아니ㅎ엿스니 彼等은 直爲罷遣ㅎ고 唯貴紳等과 共赴ㅎ자ㅎ니 貴紳等이 不得已ㅎ야 獵師及從僕을 悉皆遣歸ㅎ고 獵具를 躬帶ㅎ며 帝와 伴行ㅎ을 시 彼得이 親히 東道主人이 되여 深山을 馳入ㅎ야 獵場에 達ㅎ야 눈 貴紳等을 指揮ㅎ며 谿谷森林間으로 縱橫馳驅ㅎ니 然이나 彼等은 自來로 田獵에 不慣훈者ㅣ라 狗繩의 用ㅎ는 法을 不知ㅎ니 狗는 主人의 亂暴흠을 懼ㅎ야 四方으로 狂奔咆哮ㅎ니 此를 見ㅎ고 大駭ㅎ야 林中으로 頻頻跳入ㅎ는 지라 貴紳等이 此를 能制治치 못ㅎ야 蒼黃失色ㅎ야 如何흔 術이 無ㅎ민 其獵具를 遂棄ㅎ고 狗繩을 放ㅎ야 其困苦를 得免ㅎ엿더라 貴紳等이 此回田獵에 大失敗를 當ㅎ고 其後에는 雖彼得이

셔躊躇ᄒᆞ며所爲ᄅᆞᆯ莫知어ᄂᆞᆯ侯ㅣ大聲呼曰帝ᄂᆞᆫ何不速渡오ᄒᆞ니彼得이心中이如燃ᄒᆞ야因ᄒᆞ야決然히鞭을擧ᄒᆞ고馬ᄅᆞᆯ躍ᄒᆞ야水中에入ᄒᆞ야漸漸對岸에達ᄒᆞᆷ을得ᄒᆞ지라自是以後로ᄂᆞᆫ彼得이決코河水ᄅᆞᆯ恐치아니ᄒᆞ엿다云ᄒᆞ더라

第四章 彼得의 壯年時代

旣히龍을得ᄒᆞ면ᄯᅩ獨을望ᄒᆞᆷ은是ᄂᆞᆫ人의 常情이라 嘗時에彼得이一輕舟ᄅᆞᆯ修繕ᄒᆞ야此ᄅᆞᆯ約沙河에浮ᄒᆞ니能히激風을逆ᄒᆞ야自由操縱ᄒᆞᆷ을見ᄒᆞ고船舶의便益을大感ᄒᆞ야日夜로能히忘기難ᄒᆞ지라이에大規模로ᄡᅥ船舶을將造코져ᄒᆞ야典墨爾蘭에게近地江河에可히大船舶을製造ᄒᆞᆯ만ᄒᆞᆫ處가有ᄒᆞᆷ을間ᄒᆞ니典墨爾蘭이云ᄒᆞ되此去東方二十里餘百列亞斯老弗이라稱ᄒᆞᄂᆞᆫ大湖가有ᄒᆞ야足히巨船을遊ᄒᆞᆯ만ᄒᆞ고且船을製造ᄒᆞ기에最便利ᄒᆞ니이다彼得이聞ᄒᆞ고大喜ᄒᆞ야好機會ᄅᆞᆯ乘ᄒᆞ야該地에赴ᄒᆞ기를思ᄒᆞ다라

○自是로那利斯金의仇敵은彼得이日노無益ᄒᆞᆫ遊戱에沈淪ᄒᆞᆷ을見ᄒᆞ고心竊喜幸ᄒᆞ야더욱各種遊樂을勸ᄒᆞ야彼로ᄒᆞ야곰國政에踈忽ᄒᆞ도록計圖ᄒᆞ나然이나彼得은容

聖彼得大帝傳

王 伊利斯伯이 先皇끠 贈呈호혼者ㅣ러라 先皇은 能히 文明의 進步를 計圖호엿스나 其目的은 此小艇과 如히 廢滅호는디로 歸호엿더라 彼得이 一見호야 大悟호는바ㅣ有호야 侍者를 向호야 其制作運轉及其效用等을 細細詳問호고 船體를 査察호야 因호야 海軍을 創造홀 思想이 起호는지라 於是에 先帝時에 造船호기 爲호야 荷蘭國에서 雇來호 水手 葛斯天伯蘭得을 命호야 修繕호라 호니 於是에 伯蘭得이 日夜凝精호야 數週後에 此小艇을 約沙河上에 繼泛홈을 得호니 彼得이 愉快홈을 不勝호야 手舞足蹈홀바를 不知호더라

○先是에 彼得이 尙幼少홀時에 其母后꾀셔 브러 興를 共乘호고 川을 渡홀서 大水가 漲滿호야 波浪이 輿中에 跳入호야 衣裾가 沾濕호니 彼得이 大驚駭호더니 自是로 河水를 畏호는 癖이 生호야 水邊에 近홈을 不肯호거늘 侍臣이 此偏癖을 矯코져호야 一日은 諸人이 相謀호고 彼得을 田獵에 誘호야 途中에 大河의 橫流를 遇호니 彼得이 水를 恐호야 渡홈을 不肯호고 道를 他에 求코져홀時에 哥李淸侯가 馬를 鞭호고 水中에 馳入호야 急流를 冒호고 對岸에 達호니 諸人은 爭效호는디 獨히 彼得은 不能渡호야 茫然히 馬上에

塞墨諾弗에 遊ᄒᆞ야 光陰을 費ᄒᆞ며 其愛顧ᄒᆞ는 外國敎官禮甫爾得에게 武藝를 學ᄒᆞ고 遊戱隊를 編成ᄒᆞ야 一定ᄒᆞᆫ 服裝을 與ᄒᆞ니 此를 普列伯拉棽斯克及塞墨諾弗聯隊라 稱ᄒᆞ야 驍勇홈이 四隣을 驚ᄒᆞ더ᄂᆞ 近衛隊와 其他四方에 壯丁을 募集ᄒᆞ야 砲兵隊를 剏設ᄒᆞ고 實地演習을 行ᄒᆞ야 戰術을 攻究ᄒᆞᄂᆞᆫ데 塞墨諾弗宮殿을 襲擊ᄒᆞᄂᆞᆫ 假演習을 擧行ᄒᆞᆯ 際에 彼得이 彈藥에 死傷을 致ᄒᆞᄂᆞᆫ데 騎兵隊長亞歷時士의 統率ᄒᆞᆫ 騎兵과 大元帥洛木達伊弗斯其의 隊와 部를 重傷ᄒᆞ고 又 騎兵隊長亞歷時士의 統率ᄒᆞᆫ 騎兵과 大元帥洛木達伊弗斯其의 隊와 足部를 重傷ᄒᆞ고 又 騎兵의 大奮戰을 因ᄒᆞ야 多臥路基侯가 重傷을 受ᄒᆞ야 隨卽命絶ᄒᆞ얏다 云ᄒᆞ니 當時에 演習의 激烈홈을 可知ᄒᆞ리라

○彼得은 又 典墨爾蘭과 禮甫爾得二人에게 砲壼建築法과 彈道學을 修ᄒᆞ며 又 器械學을 好ᄒᆞ야 度宇骨斯基侯의 佛國에 赴ᄒᆞᆯ 際에 各種測量器를 購來ᄒᆞ얏스나 其使用의 方法을 不知ᄒᆞ야 荷蘭에셔 敎師를 招聘ᄒᆞ야 學ᄒᆞ고 其他 十四種의 手藝를 熟達ᄒᆞ얏더라

彼得이 一日은 一村落에 遊ᄒᆞᆯ 새 累世의 貯藏ᄒᆞᆫ 바의 已屬廢棄ᄒᆞᆫ 物品을 檢閱ᄒᆞᆫ 다가 半은 腐敗ᄒᆞᆫ 舟具가 他木材間에 廢置ᄒᆞ거ᄂᆞᆯ 發見ᄒᆞ니 卽 英製의 一小艇이라 此ᄂᆞᆫ 英國女

聖彼得大帝傳

호는지라 然이나 彼得은 神色이 自若호야 不驚不懼호고 暴徒中에 馳入호야 皇冠을 取호야 彼等에게 示호야 曰

朕이 皇冠을 戴홀 時節에 눈岐敎徒로 호야곰 聖堂에 入케 홀거시오 且 正敎를 不正으로 呼斥홈을 不許홀지라 朕이 此로 正으로 信호노니 汝等은 亦此를 效호라 호고

左右를 顧호며 暴徒를 退斥호라 命호되 侍臣이 奮力호야 彼等을 殿外로 逐出호니 時에 彼得이 年纔十歲라 爾後로 市民이 益益仰慕호더라 然이나 彼狡黠호고 素卑比亞는 恒常不軌의 訓를 不止호야 智謀의 人에게 就議호고 드디여 伊般을 도호帝位에 即케호니 露西亞帝國은 一時에 二幼帝를 戴호게 되엿더라 乃於七月六日에 二帝의 即位大禮를 兩帝의 間에 二分호야 政 正肅히 擧行호고 式畢에 先帝亞歷時士의 握호엿던 大權을 莊嚴 然이나 伊般帝는 體力이 益衰호야 皇位를 保有하기 不能호고 彼得은 精力이 日加호야 政 務룰 敏捷히 處斷호는 故로 大權이 一動호면 彼得에게로 歸호는 傾向이 有혼지라 素比亞ㅣ 此룰 見호고 大不悅호야 速히 政柄을 自握코져 호야 攝政의 職에 上호야 極히 專橫 호거는 於是에 彼得이 常快々不樂호야 屢屢히 莫斯科룰 離호야 普列伯拉普斯克에 와

聖彼得大帝傳

貴紳及素比亞ㅣ此를 聞ᄒᆞ고 那多利亞에 來懇ᄒᆞ야 曰 事已至此ᄒᆞ엿스니 我等을 救ᄒᆞ기爲ᄒᆞ야 那利斯金을 出給ᄒᆞ야 速히 此亂을 鎭靜케 ᄒᆞ야 我等으로 ᄒᆞ여곰 殘害를 不遭케 ᄒᆞ소셔 ᄒᆞ니 於是에 后ᄂᆞᆫ 彼等의 强迫ᄒᆞᆫ 바ㅣ되여 歔欷悲歎홈을 不堪ᄒᆞ며 이에 侍臣을 命ᄒᆞ야 其愛弟로 ᄒᆞ여곰 禮拜堂에 入케 ᄒᆞ니 那利斯金이 禮拜堂에 入ᄒᆞ야 己의 罪를 懺悔ᄒᆞ고 上帝께 祈禱ᄒᆞ더니 暴徒等이 此를 見ᄒᆞ고 卽時 亂入ᄒᆞ야 彼를 執ᄒᆞ야 拷問 苦責이 極히 慘酷ᄒᆞ나 然ᄒᆞ나 那利斯金은 其苦楚를 泰然 堪耐ᄒᆞ며 一言을 不發ᄒᆞ니 暴徒等이 益益激怒ᄒᆞ야 彼를 郊外에 引致ᄒᆞ야 鎗劍을 爭揮 寸斷ᄒᆞ니 於是에 暴徒等이 血을 染ᄒᆞ고 酒를 飮ᄒᆞ며 互相稱快ᄒᆞ더라 素比亞ᄂᆞᆫ 其仇視ᄒᆞ던 那利斯金을 殺害ᄒᆞ미 不勝之喜ᄒᆞ야 后日에 暴徒等에게 賞金을 厚賜ᄒᆞ니라

○ 此時에 彼得은 母后와 伊般으로 더브러 朱階上에 共在ᄒᆞ야 儼然히 畏怖홈이 無ᄒᆞ고 騷亂을 目擊ᄒᆞᆫ 後에 巴拉達로 赴ᄒᆞ니 此 射擊隊等은 皆岐敎를 信奉ᄒᆞᄂᆞᆫ 者ㅣ라 其後 數日을 經ᄒᆞ야 正敎의 大敎師가 來ᄒᆞ야 彼等을 正敎에 歸依케 ᄒᆞᆫ다ᄂᆞᆫ 風說이 有ᄒᆞ지라 彼等이 大憤ᄒᆞ야 亂을 再起ᄒᆞ야 彼得의 住所 巴拉達에 闖入ᄒᆞ야 砂石으로 大敎師에게 投

聖彼得大帝傳

馬士窘豫厚로ᄒᆞ야곰伊般과彼得을暴徒에게示ᄒᆞ야其無辜홈을證ᄒᆞ미於是에暴徒가素比亞等의譎計에見欺홈을始覺ᄒᆞ야忽然離散ᄒᆞ더니時에巨魁等이매曰假使奸徒等이幸히伊般을不殺ᄒᆞ엿스나早晩에必殺害ᄒᆞ리니奸臣那利斯金을速히交付ᄒᆞ라ᄒᆞ니暴徒가再次雷同ᄒᆞ야益益宮殿牆壁에逼ᄒᆞ거늘射擊陵長鳥古斯基俠ᄂᆞᆫ其部下의凶暴를制止코저ᄒᆞ야彼等을叱責ᄒᆞ다가彼等의怒를觸ᄒᆞ야慘害를當ᄒᆞ고貴紳馬士窘豫厚ᄂᆞᆫ百方으로彼等을說諭ᄒᆞ다가嗷嗷호ᄂᆞᆫ鬨聲에遏ᄒᆞ야其志를亦不能達ᄒᆞ고彼等은愈愈激烈ᄒᆞ야드듸여馬士窘豫厚를執ᄒᆞ야鎗劒에林立호階下에擲ᄒᆞ야全身에鎗傷을蒙ᄒᆞ고當場에絶倒ᄒᆞᄂᆞᆫ지라那多利亞ㅣ大恐ᄒᆞ야皇子及大敎師로더브러奧室에隱匿不出ᄒᆞ니彼等이愈愈激昻ᄒᆞ야猛虎의勢로宮殿을暴廻ᄒᆞ야或禮拜堂에亂入ᄒᆞ야聖座를汚穢ᄒᆞ며或祭壇을破壞ᄒᆞ야亂暴가狼藉ᄒᆞ더라

○彼等은其仇敵那利斯金을頻頻搜索ᄒᆞ나容易히現出키不能ᄒᆞ니盖那多利亞가那利斯金의危難을慮ᄒᆞ야侍臣을密命ᄒᆞ야某所에潛匿ᄒᆞ엿더라然이나暴徒ᄂᆞᆫ那利斯金을不與ᄒᆞ면貴紳等을悉皆殺害홈을不止ᄒᆞ리라聲言ᄒᆞ며退去ᄒᆞᆯ意가少無ᄒᆞᆫ지라

聖彼得大帝傳

制호者ㅣ라 恒常帝室을 護衛호며 專허 自官給料로 生計를 營호니 自然怠惰에 陷호야 博奕酒色에 沈湎호고 亂暴호며 隊中 士官等은 上下相競호야 部下의 給俸을 削取호야 私橐을 肥호는 故로 兵士의 不滿호 心이 益益增長호야 搖亂홈을 乘호야 其欲望을 充코져 호야 此不軌에 叅與홈이러라 於是에 素比亞黨의 謀主 奧殷斯基侯가 人을 暗遣호야 莫斯科市中에 散在호야 射擊隊에 宣言호야 曰

先帝의 親弟 伊般을 毒殺호며 先帝의 寵臣 耶頂高厚들 宮中에셔 黜退홈은 皆那利斯金派의 所爲라 今에 彼等이 天下에 橫行호야 政權을 掌握호고 后의 少弟 那利斯金은 窈히 皇位를 覘호나니 是는 實노 國家危急存亡의 秋ㅣ라 吾等은 露國을 爲호야 彼奸臣等을 撲滅코져 호노니 汝等은 一臂의 力을 勿惜호라 事가 若濟호면 莫大호 賞이 有호리라 호야

彼等을 煽動호니 彼等이 大喜호야 五月十五日 黎明에 聚集의 鍾을 聞호고 各各 兵器를 提호고 宮外에 會호야 宮門을 打破亂入호야 朱階下에서 大聲叫曰 伊般을 殺害호 凶賊 那利斯金을 速히 引出交付호라 호며 勢焰急迫호지라 后ㅣ 大驚호야 乃 大敎師 及 貴紳

13

見홈은嚴禁ㅎ는風俗이有ㅎ거눌此를不拘ㅎ고先帝世奧德의葬儀에列席ㅎ엿다가
式畢에悲哀를不勝ㅎ는狀을假裝ㅎ야衆人中에서號泣ㅎ여曰
我國民人들이여汝等은知ㅎ나否乎아皇弟世奧德은全혀毒婦의手에爛殺됨을知
ㅎ야嗚呼ㅣ라妾의痛恨을可堪ㅎ가先帝의親弟伊般이有ㅎ나汝等이推戴홈을不欲
ㅎ엿스며妾은孤獨ㅎ게生存ㅎ니我等이罪가有ㅎ거든願컨딕外國으로放逐ㅎ라
ㅎ야
巧言令色으로써衆人의感情을激起ㅎ는지라衆人中에彼女의詭辯에感動ㅎ야慘隱
의心을不堪ㅎ야彼女의言을堅信ㅎ는者ㅣ有ㅎ니素比亞ㅣ彼의腹心者와那利斯金
의仇敵되는者로더브러共謀ㅎ며耶蘇敎徒를煽動ㅎ야不軌를圖ㅎ서流言을放ㅎ야
ㅎ엿스며奧德帝의무ㅣ세홈은全혀爛殺을被ㅎ인디其紹望은皇弟伊般에게傳位ㅎ이오彼
亦此를承諾ㅎ엿거놀專橫ㅎ那利斯金族은其權勢를擅ㅎ야敎徒를指嗾ㅎ니先帝를强迫ㅎ고位를彼
日世奧德帝의
得ㅎ에게로傳케ㅎ엿다ㅎ야百方으로奸策을運ㅎ야敎徒를指嗾ㅎ니
는者ㅣ無ㅎ고愚昧ㅎ射擊隊만此騷亂에參與ㅎ니此射擊隊는伊般第四世時에始編ㅎ

聖彼得大帝傳 11

에會集ᄒᆞ야 繼嗣問題ᄅᆞᆯ議論ᄒᆞ시 或은 帝가 臨終에 位ᄅᆞᆯ少弟彼得에게 傳ᄒᆞᆷ을 願ᄒᆞ얏다 ᄒᆞ고 或은 仲弟伊般에게 命ᄒᆞ얏다ᄒᆞ야 衆議가 紛紛不決ᄒᆞ더니 時에 一高德의 大敎師가 廣座中에 入ᄒᆞ여 曰 協心同力ᄒᆞ야 適當ᄒᆞᆫ 新帝ᄅᆞᆯ 選定ᄒᆞ라 ᄒᆞ니 於是에 會集ᄒᆞᆫ 者數十人이 皆異口同聲曰 彼得이라 ᄒᆞ고 遂彼得을 推戴ᄒᆞ기로 議決된지라 市民等이 此ᄅᆞᆯ 聞ᄒᆞ고 殿外에 會集ᄒᆞ야 大聲喝采ᄒᆞ야 祝賀ᄒᆞ기로 歡聲이 天地에 震動ᄒᆞ니 盖彼得의 才智英敏ᄒᆞᆫ 聲譽가 有ᄒᆞᆷ이라 ᄒᆞ야 彼得에게로 已歸ᄒᆞᆷ이러라

○彼得亞歷時士ᄂᆞᆫ 年僅十歲에 公選으로 露國帝位에 登ᄒᆞ얏스나 年齒가 猶幼ᄒᆞ야 國政을 親執ᄒᆞ기 不能ᄒᆞᆫ故로 母后가 攝政ᄒᆞ니 群臣이 爭先ᄒᆞ야 新帝와 君臣의 義ᄅᆞᆯ 盟ᄒᆞ더라

○當時事情을 熟察ᄒᆞ건ᄃᆡ 外觀으로ᄂᆞᆫ 極히 靜謐ᄒᆞ나 然이나 蕭墻의 禍가 恒常內에 伏在ᄒᆞᆷ엿스니 盖皇姉素比亞ᄂᆞᆫ 年旣二十五歲라 以謂ᄒᆞ되 爾後露國政權은 吾의 忌嫌ᄒᆞᄂᆞᆫ 繼母那多利亞及那利斯金族의 掌中에 必歸ᄒᆞ리라 ᄒᆞ야 焦心苦慮로 政權을 欲奪ᄒᆞ야 狡慧ᄒᆞᆫ 彼女ᄂᆞᆫ 種種傀儡ᄅᆞᆯ 弄ᄒᆞ더라 當時露國은 皇女가 典禮에 叅與ᄒᆞᆷ과 人民을 接

聖彼得大帝傳

―리오ᄒᆞ고

即時에 那多利亞后의 殿에 至ᄒᆞ야 耶濱高厚의 欺罔을 因ᄒᆞ야 斯에 至ᄒᆞᆷ을 深謝ᄒᆞᆫ 後에 耶濱高厚를 捕縛ᄒᆞ야 后셰 送ᄒᆞ야 任意處罰ᄒᆞᆷ을 乞ᄒᆞ니 溫良ᄒᆞᆫ 后ᄂᆞᆫ 殺害를 不忍ᄒᆞᆯᄲᅮᆫ아니라 其罪도 亦不問ᄒᆞ고 即爲放釋ᄒᆞ니 帝가 彼의 官職을 削奪ᄒᆞ고 宮中에셔 黜退ᄒᆞ니라

○ 所以로 后ᄂᆞᆫ 巨廉列弗殿에 依然居在ᄒᆞ나 猶悅然不樂ᄒᆞ니 盖當時에 皇室은 實노 紛擾擾ᄒᆞ야 浮說訛言이 不絶ᄒᆞ고 圖論誹謗이 日至ᄒᆞᆷ으로 帝ᄂᆞᆫ 皇子彼得의 危難을 避ᄒᆞ고 ᄒᆞ야 其繼母那多利亞后를 疎遠히 待遇ᄒᆞᄂᆞᆫ지라 故로 后ᄂᆞᆫ 不得已 轉住ᄒᆞ니 時에 彼得은 紅且 其身의 安寧을 得코져 ᄒᆞ야 厚列伯拉善斯克鄕으로 顔美少年이라 甫十歲에 成童과 猶似ᄒᆞ지라 其金色縮髮은 額上을 掩ᄒᆞ고 漆黑巨眼은 瞳光이 燗燗ᄒᆞ며 擧措가 活潑ᄒᆞ고 器量이 廣大ᄒᆞ야 萬人에 優勝ᄒᆞ더라

○ 時에 世奧德帝가 皇后의 無子ᄒᆞᆷ을 憂ᄒᆞ야 變臣 耶濱高厚의 親戚 馬厚拉克時 那를 娶ᄒᆞ야 皇后를 솜앗더니 後三閱月에 帝가 忽焉長逝ᄒᆞ니 羣臣이 大驚ᄒᆞ야 巨廉列弗殿中

聖彼得大帝傳

의凌辱을深히痛歎ᄒᆞ니彼得이幼心에도母后의悲歎ᄒᆞᆷ을見ᄒᆞ고憤怒를不忍ᄒᆞ야皇兄世奧德帝의室에至ᄒᆞ야彼의手를再三接吻ᄒᆞ고大叫曰

皇兄이여耶濱尙厚의罪惡을深히懟코져ᄒᆞ노이다彼는母后와弟를父帝의宮殿에셔放逐ᄒᆞ야耶帝와親愛의情을離隔코져ᄒᆞ엿다가遂殺害코져ᄒᆞ나이다弟當聞之ᄒᆞ니昔時에哥德伊厚를作코져ᄒᆞ니彼覺第二哥德伊厚가아니ᄂᆞᆫ잇가若我等을強逐ᄒᆞ거든皇兄도我等과共來住居ᄒᆞ시기를望ᄒᆞᄂᆞ이다皇兄은庶幾我等의生命을救ᄒᆞ소셔我等은獨行ᄒᆞ기를不願ᄒᆞ노이다ᄒᆞ고

遂涕泣掩面ᄒᆞ며侍女等을顧ᄒᆞ고厲聲曰

吾는先帝亞歷時士의子가아니뇨然則父帝의宮殿에住居ᄒᆞᆷ이有何不可ᄒᆞ뇨ᄒᆞ니時에彼得이年僅五歲라言言이悉皆肺腑에셔出ᄒᆞ니帝가此를聞ᄒᆞ고大驚ᄒᆞ야彼得을接吻ᄒᆞ고撫慰ᄒᆞ여曰

汝는安心ᄒᆞ고母后의事도亦憂慮치말나吾登耶濱高厚로ᄒᆞ여곰其意를還케ᄒᆞᆯ者

厚의 敎化에 基因호바ㅣ 極多호나 彼의 先天的尙武氣像이 不存호면 爲能得其然이리

○ 皇兄世奧德도 彼의 將來之望을 爲호야 金盆其學術을 獎勵호며 父帝亞歷時士는
彼의 技量을 十分嘉尙호야 愈愈發達케 호야 餘年을 愉快히 送코져 호더니 不幸호도
다 이比年을 不假호샤 彼得이 未滿四歲에 其父帝가 溘然崩御호니 其遺憾을 可想호리
로다 彼得은 尙幼少호야 國政을 堪任키 不能호故로 世奧德을 立호야 皇帝물 숨으니 帝
는 時에 年이 纔十四러라 그 位에 卽호後로 皇室에 一大波瀾이 忽生호야 鼎沸之狀이
有호니 盖世奧德帝의 一派가 那利斯金家의 權勢가 增加홈을 嫉妬호며 彼得을 蛇蝎과
如히 憎惡호야 何日이던지 皇室에서 放逐호고 威福을 擅享코져 호나 亞歷時士帝의 在
世時에는 其意를 未遂호다가 今에 帝가 旣登遐 이되미 一毫도 忌憚홀바ㅣ 無호야
世奧德帝를 嚇若호고 自意로 此를 揶揄호야 몬져 馬士歐厚와 那利斯金家間에 離間을
企圖호며 變巨耶湏高厚는 那多利亞后물 遠謫홀 策을 講究호고 宮殿의 狹隘을 藉托호
야 后와 彼得을 數十里外離宮에 移御호라는 僞詔물 傳호거늘 后ㅣ斷然排斥호고 臣下

홀지로다

第三章 彼得의 幼年時代

○彼檀은 數葉에서 브러 馨ᄒᆞ며 駑雛는 始生으로브터 大驚의 氣像이 尙有ᄒᆞ다ᄒᆞ더니 其言이 不差ㅣ로다 彼得이 雖幼穉ᄒᆞ나 敏捷活潑ᄒᆞ이 嶄然히 羣衆에 卓越ᄒᆞ더라 一日은 一小劍과 各種玩具를 與ᄒᆞ얏더니 彼得이 他玩具는 不顧ᄒᆞ고 惟此劍을 取ᄒᆞ야 佩ᄒᆞ며 甚愛之ᄒᆞ야 湏臾도 膝下를 不離케ᄒᆞ고 出入에 恒常相隨ᄒᆞ더라 彼玩具는 適用이라ᄒᆞ고 日夜로 手에 不釋ᄒᆞ니 父帝가 此를 見ᄒᆞ고 大悅ᄒᆞ야 於是에 貴族中에 彼와 同年되는 兒童數十名을 選拔ᄒᆞ야 彼와 同遊케ᄒᆞ니 其始에 人의 大將어라 自稱이라ᄒᆞ고 日夜로 手에 不釋ᄒᆞ니 父帝가 此를 見ᄒᆞ고 大悅ᄒᆞ야 或竹馬를 乘ᄒᆞ며 或鼓鐘을 敲ᄒᆞ고 或打毬를 鬪ᄒᆞ더니 年이 稍長ᄒᆞᆷ으로 益益武藝를 尙ᄒᆞ야 自稱ᄒᆞ고 群童을 指揮ᄒᆞ야 二小隊로 編成ᄒᆞ고 日노莫斯科附近原野에서 練兵을 戱ᄒᆞ되 或劒을 執ᄒᆞ고 或三軍을 號令ᄒᆞ며 或番兵羅卒이되여 寒夜에 銃劍을 杖ᄒᆞ고 或工兵輜卒이되여 土塞肩墻을 築ᄒᆞ고 軍需를 運搬ᄒᆞ는 各種武藝를 鍛錬ᄒᆞ야 終日不息ᄒᆞ되 其勞苦와 困憊를 不厭ᄒᆞ며 自身의 尊嚴을 不知ᄒᆞ니 是는 蘇道

聖彼得大帝傳

엿더라 越六月二十日에 聖洗禮를 整肅히 行ᄒᆞ고 擧名호을 與ᄒᆞ야 基督敎에 入케ᄒᆞ고 翌日에 朝野縉紳을 招集ᄒᆞ야 大祝宴을 開設ᄒᆞ고 萬歲를 齊唱ᄒᆞ더라

○ 彼得은 體軀가 强健ᄒᆞ야 誕生後六多月에 能히 疾走ᄒᆞ니 父帝가 大喜ᄒᆞ야 世爾寬界比致와 葡利克都比致를 撰ᄒᆞ야 侍從을 任ᄒᆞ고 利字吾阿로써 乳母를 定ᄒᆞ고 禮溫都와 哥利夫伊那二人을 命ᄒᆞ야 師傅를 合ᄒᆞ고 多數훈 貴女를 雇ᄒᆞ야 抱貢撫育의 任을 執케ᄒᆞ니라 彼得이 三歲에 至ᄒᆞ야 屈從ᄒᆞ던 女子들을 減額罷遣ᄒᆞ고 奇多毛爾世比致蘇道厚學士는 博識多能ᄒᆞ고 其才能을 一世에 冠絶ᄒᆞ엿던者ㅣ라 彼得의 天姿ㅣ 活潑ᄒᆞ고 且好事의 癖이 有ᄒᆞᄆᆞ로 其器量을 必先辨別ᄒᆞ야 其所長을 從ᄒᆞ야 其才能을 開發케ᄒᆞ며 其子弟를 敎育ᄒᆞ고 殿中蕭室에 同伴ᄒᆞ며 도有ᄒᆞ고 恒常世界와 美擧를 見聞케ᄒᆞ을 務ᄒᆞ야 或事件은 再三說明ᄒᆞ야 了解ᄒᆞ을 跂ᄒᆞ야 始止ᄒᆞ며 或 城塞船舶의 模型을 說ᄒᆞ며 或 山川海陸의 地圖를 示ᄒᆞ고 或 著名호 露國先帝의 肖像을 對ᄒᆞ야 其功蹟을 陳述ᄒᆞ는 等瑣談細話로 彼를 敎化ᄒᆞᄂᆞᆫ 故로 彼는 隱然中에 智識이 啓發될뿐아니라 亦是 好學의 癖이 養成되엿더라 嗚呼 彼得의 天才로 如斯훈 良師가 有ᄒᆞ니 其智識의 發達은 可期

聖彼得大帝傳

盛飾으로 出席ᄒᆞ니 辮髮의 緊密ᄒᆞᆷ을 不堪ᄒᆞ고 且禮袍에 未閒ᄒᆞᆷ으로 眩暈이 生ᄒᆞ야 不知中에 式場에셔 昏倒ᄒᆞᄂᆞᆫ지라 奸徒等이 此를 好機會로 君做ᄒᆞ야 侍醫에게 厚賂ᄒᆞ고 癲癇病으로 診斷케ᄒᆞ니 可憐哉라 西伯利亞遠野로 放謫ᄒᆞ야 螢螢一身이 寒天長夜에 但看一片殘月이 來相照ᄒᆞ니 惟有萬斛悲淚가 湧如泉ᄒᆞᆯᄲᅮᆫ이오 帝亦斷腸의 懷를 不堪ᄒᆞ야 日夜로 東望鬱鬱悽復悲로 日月을 經過ᄒᆞ더라

○其後數月을 經ᄒᆞ야 一日은 帝가 匿名秘書二度를 得ᄒᆞ야 披見ᄒᆞᆫ즉 前日奸徒等의 陰謀를 一一摘發ᄒᆞᆫ지라 帝가 大驚ᄒᆞ야 卽時에 宰相以下 奸徒를 嚴히 處罰ᄒᆞ고 使者를 急遣ᄒᆞ야 那多利亞를 迎還ᄒᆞ야 那多利亞ㅣ 后位에 再登ᄒᆞ니 愛情이 倍舊ᄒᆞ야 巨廉列弗殿裏에 和氣가 藹藹然ᄒᆞ더라

○一千六百七十二年 五月三十日은 露國歷史上에 最記憶ᄒᆞᆯ 日이라 瑞雲은 氤氳漲大ᄒᆞ고 祥光은 鬱郁滿地ᄒᆞ되 全莫斯科에 禮拜堂 鎭聲은 相和不絶ᄒᆞ야 義蠢殷殷ᄒᆞᆫ 聲은 山野를 搖動ᄒᆞ며 車馬ᄂᆞᆫ 絡繹不絶ᄒᆞ야 巨廉列弗殿으로 向ᄒᆞ고 市民은 歡聲이 如湧ᄒᆞ니 嗚呼ㅣ라 露國中興의 君 千古豪傑 彼得大帝가 實노 此月此日에 呱呱의 聲을 始擧ᄒᆞ

聖彼得大帝傳

即消ᄒᆞᄂᆞᆫ도다 帝의 最愛ᄒᆞᄂᆞᆫ 后 伊尼智那도 二十餘年 契活之後에 忽然無常風의 誘引ᄒᆞᆫ바ㅣ되니 帝가 日夜로 愁歎ᄒᆞᄂᆞᆫ中에 況又皇子 斯美溫은 年甫四歲라 其母의 後를 追ᄒᆞ엿스며 又 皇子 亞歷時士도 年甫十六에 夭折ᄒᆞ고 惟 皇女 素比亞와 及 世奧德과 伊般의 二皇子가 有ᄒᆞ나 皇子ᄂᆞᆫ 皆 蒲柳의 質이라 到底히 政事를 專任키 不能ᄒᆞ며 皇女 素比亞ᄂᆞᆫ 身體가 强健ᄒᆞ고 且才能이 有餘ᄒᆞ나 當時典例에 女子의 即位를 不許ᄒᆞᆷ으로 神聖ᄒᆞᆫ 皇位가 行ᄒᆞ나 完全ᄒᆞᆫ 適當ᄒᆞᆫ 相續者가 無ᄒᆞ니 帝가 此를 深憂ᄒᆞ야 群臣과 相議ᄒᆞ고 再次 后를 迎ᄒᆞ야 其 繼承者를 得코져ᄒᆞ더니 一千六百七十年에 帝가 偶然히 貴紳ᄒᆞᆫ 馬士窩 豫厚邸에 遊ᄒᆞᆯᄉᆡ 其 廷席에셔 貴族 那多利斯金의 淑娘 那多利亞를 見ᄒᆞ니 其 窈窕ᄒᆞᆫ 風姿와 穎悟ᄒᆞᆫ 賦性이 帝意에 深適ᄒᆞᆫ지라 眷戀의 情을 不勝ᄒᆞ야 遂娶爲后ᄒᆞ니 是即彼得의 母ㅣ러라

○時에 陪臣中 貴族 何利克比致가 那利斯金家의 隆盛ᄒᆞᆷ을 嫉ᄒᆞ고 那多利亞를 橫奪ᄒᆞ야 己妻를 삼고져ᄒᆞ드듸여 不軌를 懷ᄒᆞ고 宰相과 陰謀를 密通ᄒᆞ고 機會를 乘ᄒᆞ야 那多利亞를 彈劾ᄒᆞ기를 企圖ᄒᆞ더니 及其 莊嚴ᄒᆞᆫ 婚式을 行ᄒᆞᄂᆞᆫ日에 那多利亞가 綺羅

터東方濱毛連斯克에至ᄒᆞᄂᆞᆫ一大地方을并吞ᄒᆞ니於是에國勢가更히衰退ᄒᆞ야殆滅亡에至ᄒᆞ엿더니上天이露國을猶不捨ᄒᆞ샤一千六百七十年頃에前古에無比ᄒᆞᆫ大豪傑彼得大帝를降ᄒᆞ샤卓然獨勵ᄒᆞ야國勢를大振ᄒᆞ야國家의旣倒를挽回ᄒᆞ고國을開ᄒᆞ며土地를擴張ᄒᆞ야드ᄃᆡ여露國中興의鴻業을剏建ᄒᆞ고永遠無窮ᄒᆞᆫ富強政策을樹立ᄒᆞᆷ에至ᄒᆞ엿스니若夫露國의勃興史를知코져ᄒᆞ면彼得의五十三年事蹟을見ᄒᆞᆯ지어다

第二章 彼得의誕生

○一千六百十三年에美加悅, 厚豫斗路比致, 羅馬路夫家로始ᄒᆞ야第二皇帝亞歷時斯, 美加伊路比致ᄂᆞᆫ即彼得의父ㅣ니帝의初后ᄂᆞᆫ貴族美羅斯路夫家의令孃馬利亞, 伊利, 伊尼智那ㅣ라穎悟多能ᄒᆞᆫ聲譽가一世에高ᄒᆞ니帝가極히鍾愛ᄒᆞ야比翼連理의語ᄂᆞᆫ猶以爲淺이라ᄒᆞ야日月을樂으로送ᄒᆞ더라

○實노人世ᄂᆞᆫ風前에雲과如ᄒᆞ야夢頭에易散ᄒᆞ고三界ᄂᆞᆫ水上에泡와如ᄒᆞ야光前에

며 幾百幾千의 同胞가 馬脚下에 僵仆홈은 恬然觀看ᄒᆞ고 不之拯拔ᄒᆞ며 且愛國의 赤誠
은 蕩然掃地ᄒᆞ야 彼等의 職分되ᄂᆞᆫ 戰爭을 務避ᄒᆞ며 出陣ᄒᆞᆯ 時ᄂᆞᆫ 神에게 祈禱
ᄒᆞ여 日神이여 余로ᄒᆞ여곰 微傷을 負ᄒᆞ야 寡少ᄒᆞᆫ 勞苦로 多大ᄒᆞᆫ 恩典을 蒙케ᄒᆞ소서ᄒᆞ
며 戰場에 到ᄒᆞᆫ즉 間隙을 窺ᄒᆞ야 山野森林間에 隱匿ᄒᆞ엿다가 戰爭의 結局을 俟ᄒᆞ야
徐히 出現ᄒᆞ야 殘餘의 兵士와 同歸ᄒᆞ니 嗚呼ㅣ라 國家의 干城되ᄂᆞᆫ 兵士의 怯弱이 旣如
是ᄒᆞ니 國勢의 不振홈이 亦豈不當然哉리오

然이나 伊般 馬西路比致王 時에 至ᄒᆞ야 王이 慨然奮起ᄒᆞ야 頹綱을 大振ᄒᆞ야 汚俗을 改
善ᄒᆞ며 兵制를 釐革ᄒᆞ야 各地 精英을 募集ᄒᆞ야 蒙古 兩頭鷲의 國紀章을 定ᄒᆞ며 一千四百八
十年에 至ᄒᆞ야 全혀 獨立의 基礎를 始建ᄒᆞ고 自此로 國威를 漸次宣揚ᄒᆞ니 是ᄂᆞᆫ 實노 露西亞建國
敗ᄒᆞ야 皇帝라 自稱ᄒᆞ고 國政을 統一ᄒᆞ야 國威를 漸次宣揚ᄒᆞ니 是ᄂᆞᆫ 實노 露西亞建國
의 始러라 其後 一世紀를 經ᄒᆞ야 一千五百九十八年에 至ᄒᆞ야 四方에 群雄이 割據ᄒᆞ야
皇威를 欲簒ᄒᆞ미 的袂得 劉士帝의 蹤跡이 不明ᄒᆞ니 國內가 因此로 騷然ᄒᆞᆫ지라 鄰國 瑞
典은 其虛를 乘ᄒᆞ야 露國의 東海岼에 英久利亞地方을 占奪ᄒᆞ고 波蘭은 度尼波亞로브

聖彼得大帝傳

第一章 緒言

亞細亞와 歐羅巴 大陸의 脊樑을 橫壓ᄒᆞ야 頭를 西南에 擡ᄒᆞ고 尾를 米北에 掉ᄒᆞ며 腕을 中亞細亞에 股ᄒᆞ야 其領域의 廣大홈이 宇內에 冠絕ᄒᆞ야 百萬貔貅를 養ᄒᆞ며 海에ᄂᆞᆫ 數百의 艨艟을 浮ᄒᆞ야 兵強國富ᄒᆞ고 虎視耽耽ᄒᆞ야 覇를 坤輿에 唱道ᄒᆞᄂᆞᆫ 者ᄂᆞᆫ 現今에 露西亞帝國이 아닌가 수에 此國의 史跡을 徵ᄒᆞ건ᄃᆡ 四百年前에ᄂᆞᆫ 寒冱不毛의 地에 據ᄒᆞ야 其國民은 愚蠢蒙昧ᄒᆞ고 國勢ᄂᆞᆫ 微微不振ᄒᆞ야 慓悍훈 蒙古人種의 征服훈바—되여 其壓制를 不堪ᄒᆞ던 莫斯科公國이라 當時의 國情을 按ᄒᆞ건ᄃᆡ 國王은 獨히 文明에 留意ᄒᆞ고 西歐諸國에셔 良醫와 精工을 招聘ᄒᆞ야 恒常便宜를 計ᄒᆞ나 其臣民은 風俗이 頑冥ᄒᆞ고 人智가 不啓ᄒᆞ야 醫師를 妖術者로 稱ᄒᆞ며 器械를 魔物이라 指ᄒᆞ고 外國人을 接ᄒᆞ면 蛇蝎 ᄀᆞ치 觀ᄒᆞ엿스나 使用ᄒᆞᄂᆞᆫ 術을 不知ᄒᆞ야 戰場에 臨ᄒᆞ면 兵器를 抛棄ᄒᆞ고 赤手로 爭鬪ᄒᆞ며 騎兵은 有ᄒᆞ나 其効가 猶無ᄒᆞ니 蒙古人種과 戰鬪ᄒᆞᆯ 際에 二三首級만 獲得ᄒᆞ여도 無雙훈 勳功으로 看做ᄒᆞ야 捷宴을 開ᄒᆞ야 喜樂ᄒᆞ

영인자료

彼得大帝

- 『**성피득대제전(聖彼得大帝傳)**』
  김연창 역술, 광학서포, 1908.

여기서부터 영인본을 인쇄한 부분입니다. 이 부분부터 보시기 바랍니다.

박성호

고려대학교 국어국문학과 및 동 대학원을 졸업했고 현재 경희대학교 인문학연구원 HK 연구교수로 재직 중이다. 주요 논저로 「한국근대소설 속 신경쇠약과 결핵의 인접 관계에 대한 인식의 형성과 구체화」, 「1900~1910년대 지식층의 신경쇠약 개념에 대한 수용과 전유」, 「조중환의 번안소설과 열병의 상상력 - 장티푸스의 변주와 형상화를 중심으로」, 『화병의 인문학: 근현대편』(공저), 『감염병을 바라보는 의료인문학의 시선』(공저), 『새로운 의료, 새로운 환자』(공저), 『의료문학의 현황과 과제』(공저) 등이 있다.

근대계몽기 서양영웅전기 번역총서 15
성피득대제전
: 러시아의 중흥을 이끈 영웅 표트르 대제 전기

2025년 4월 25일 초판 1쇄 펴냄

옮긴이 박성호
발행인 김흥국
발행처 보고사

책임편집 이경민
표지디자인 김규범

등록 1990년 12월 13일 제6-0429호
주소 경기도 파주시 회동길 337-15 보고사
전화 031-955-9797
팩스 02-922-6990
메일 bogosabooks@naver.com
http://www.bogosabooks.co.kr

ISBN 979-11-6587-848-1 94810
　　　 979-11-6587-833-7 (세트)
ⓒ 박성호, 2025

정가 16,000원
사전 동의 없는 무단 전재 및 복제를 금합니다.
잘못 만들어진 책은 바꾸어 드립니다.

이 책은 2018년 대한민국 교육부와 한국연구재단의 지원을 받아 수행된 연구임
(NRF-2018S1A6A3A01042723)